LA MAÎTRISE DE LA VIE

SELON LA SAGESSE TOLTÈQUE

Du même auteur, chez le même éditeur

Les Cinq Niveaux d'attachement, 2022.
Les 7 Secrets des relations amoureuses, 2022.
Méditations quotidiennes sur la voie toltèque, 2022.
La Maîtrise de soi selon la voie toltèque, 2022.
Le Livre de sagesse toltèque de Don Miguel Ruiz, 2017.

Titre original : *The Mastery of Life*.
Publié pour la première fois par Hierophant Publishing.

Traduit de l'anglais par Charlène Feres.

ISBN : 978-2-8132-2749-2

www.tredaniel-courrier.com
info@guytredaniel.fr
www.facebook.com/editions.tredaniel
@editions_guy_tredaniel

Couverture : Shutterstock : © Ričardas Anusauskas, © suns07butterfly.
Carte de Teotihuacan : © Frame25 Productions.
Illustration de Quetzalcóatl : © Abdullah Al Mahmud Masum.

LA MAÎTRISE DE LA VIE

SELON LA SAGESSE TOLTÈQUE

DON MIGUEL RUIZ JR.

Guy Trédaniel éditeur
19, rue Saint-Séverin
75005 Paris

À tous ceux que j'aime.

SOMMAIRE

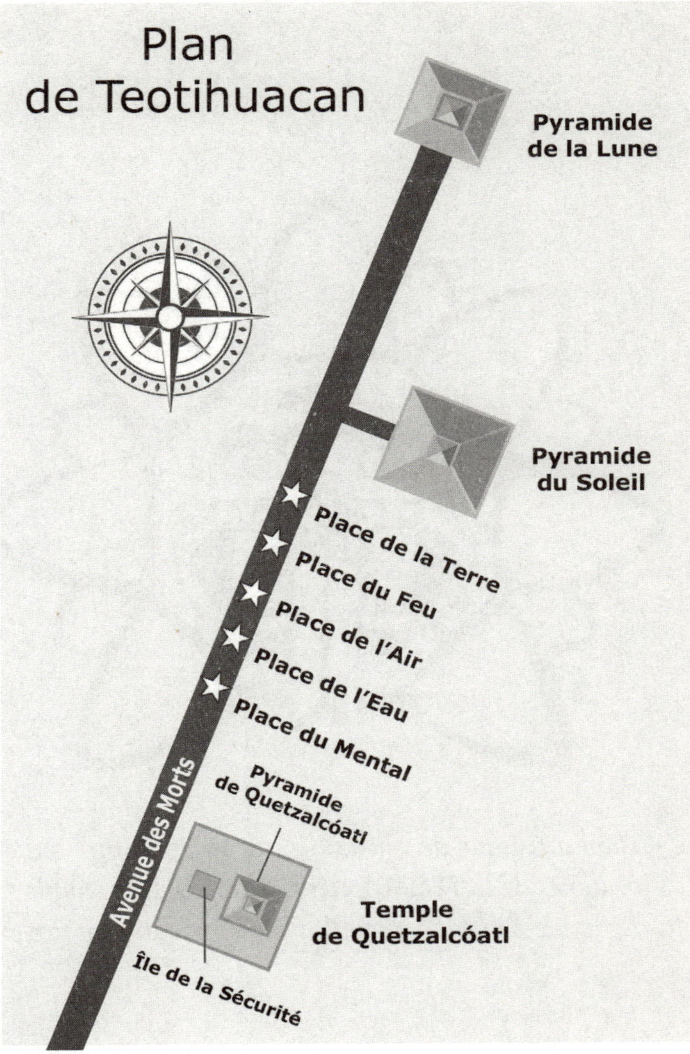
Plan
de Teotihuacan
Pyramide
de la Lune
Pyramide
du Soleil
Place de la Terre
Place du Feu
Place de l'Air
Place de l'Eau
Place du Mental
Pyramide
de Quetzalcóatl
Avenue des Morts
Temple
de Quetzalcóatl
Île de la Sécurité

Vision artistique de Quetzalcóatl, le légendaire serpent à plumes de la Méso-Amérique après qui le temple et la pyramide de Quetzalcóatl à Teotihuacan sont nommés.

TERMES CLÉS

Accord : processus par lequel des idées deviennent des croyances qui, par voie de conséquence, influencent nos actions.

Pleine conscience : pratique consistant à prêter attention dans le moment présent à ce qui se passe à l'intérieur de votre corps et de votre esprit, ainsi que dans votre environnement immédiat.

Domestication : principal système de contrôle dans le Rêve Planétaire. Dès notre plus jeune âge, nous recevons soit une récompense, soit une punition pour avoir adopté les croyances et les comportements que les autres trouvent acceptables. Lorsque nous faisons cela à la suite d'une récompense ou d'une punition, nous sommes domestiqués.

Rêve Planétaire : combinaison des rêves personnels de chaque être dans le monde – soit le monde dans lequel nous vivons.

Mitote : voix négatives mentales qui nous assaillent tout au long de la journée. Souvent, ces voix ont été plantées en nous durant nos plus jeunes années, au moment de notre domestication.

Nagual : divin à l'intérieur de chacun de nous ; force qui donne vie à notre esprit et à notre corps. Similaire au concept de l'âme que l'on trouve dans de nombreuses traditions religieuses, sans être tout à fait identique.

Rêve personnel : réalité unique créée par chaque individu, soit votre point de vue personnel. C'est la manifestation de la relation entre votre esprit et votre corps.

Peuple toltèque : ancien groupe d'Amérindiens qui se sont réunis dans le sud et le centre du Mexique pour étudier la perception. Le mot *toltèque* signifie « artiste ».

Guerrier toltèque : toute personne s'engageant à utiliser les enseignements de la tradition toltèque pour gagner la bataille intérieure contre la domestication et l'attachement.

INTRODUCTION
LA VOIE TOLTÈQUE

Les mots sont des outils puissants.

Dans la tradition toltèque à laquelle j'appartiens, on dit que les mots sont les pinceaux utilisés pour peindre les chefs-d'œuvre que sont nos vies. Les mots peuvent changer nos perspectives, être créateurs de clarté et révéler de nouvelles opportunités ; à l'inverse, ils peuvent également être utilisés pour répandre la colère, la peur ou la haine. Ainsi, les mots que nous choisissons peuvent soit nous élever, soit nous anéantir.

Les mots sont également les principaux outils que nous utilisons pour communiquer les uns avec les autres et ainsi construire presque tout ce qui est. Vu sous cet angle, il n'est pas étonnant que la première ligne de l'Évangile chrétien selon Jean soit : « Au commencement était la Parole. »

Nos mots apparaissent tout d'abord comme des pensées dans notre esprit, puis comme des symboles dotés de significations qui nous permettent de communiquer et de penser de manière intellectuelle – et donc de construire des arguments, des histoires complexes et, bien sûr, de *créer des accords*. L'esprit humain est absolument brillant lorsqu'il s'agit de créer des accords.

Dans la tradition toltèque, les accords sont le résultat du processus par lequel certaines idées dans notre esprit se rigidifient en croyances, qui à leur tour influencent nos actions. Ces accords peuvent nous suivre tout au long de notre vie, colorant nos perceptions dans tous les aspects de notre quotidien. Nos accords, allant de décisions capitales (comme la personne que nous choisissons d'épouser) à des choix plus triviaux (comment se vêtir), contribuent à nous informer, nous influencer et parfois même à nous contrôler, souvent sans aucune conscience de notre part.

La plupart de ces accords sont inconscients, mais sont créés et cimentés dans la « réalité » par nos esprits. Nous oublions que les pensées et les idées, qui sont les éléments constitutifs de nos accords et donc de nos croyances, n'existent pas « dans le vrai monde ». *Elles n'existent qu'en nous.* Et elles n'ont de pouvoir que parce que nous croyons en leur véracité. Plus nous sommes attachés à un accord particulier, plus celui-ci aura de pouvoir sur nous.

Les accords eux-mêmes ne sont ni positifs ni négatifs par nature, et nous comptons sur bon nombre d'entre eux pour nous diriger à travers le monde avec succès. Par exemple, certains accords que nous avons conclus enfants en réponse aux consignes de nos parents en matière de sécurité et de bonne santé sont utiles : *Les légumes sont nutritifs et sains. Regarde des deux côtés avant de traverser la rue.* Cependant, tous ne sont pas constructifs ou positifs : *mes contributions au travail ne valent pas grand-chose. Je ne suis tout simplement pas une personne créative.* Et certains peuvent même être autodestructeurs : *je ne suis pas digne d'être aimé.*

La plupart de ces accords sont le résultat de graines intellectuelles plantées en nous par d'autres au cours de nos années de développement. Apprendre à reconnaître ces accords, à discerner s'ils sont utiles ou inutiles, puis à les modifier ou les rejeter si nécessaire constitue l'un des principaux efforts de toute personne en chemin vers la liberté personnelle.

Ainsi, alors que les mots peuvent être très puissants, dans la tradition toltèque, nous reconnaissons combien ils sont également limités. Ce ne sont que des descripteurs et des indicateurs de la réalité, pas la réalité elle-même. Comme l'enseigne le philosophe Alan Watts : « Le menu n'est pas le repas. » Les mots ne peuvent qu'indiquer la vérité ; ils ne sont pas la vérité elle-même.

Les livres sont des outils extraordinaires qui, après tout, sont constitués de mots. Le bon livre, lu au bon moment, a le pouvoir de transformer des vies en offrant de l'espoir lors de périodes difficiles, ou en provoquant l'émerveillement lors de sécheresses créatives. Mais bien qu'ils soient d'incroyables sources de potentiel, ce n'est finalement pas le livre lui-même qui nous change. Nous nous changeons nous-mêmes.

Cela crée donc un défi intéressant, car pour expliquer les enseignements et les outils que je partage avec vous ici, j'ai bien évidemment besoin d'utiliser des mots. Mais je vous invite à permettre à ces mots d'aller au-delà de votre esprit, jusque dans votre cœur. Alors seulement – dans ce que j'appelle la synchronicité du cœur et de l'esprit –, la transformation pourra se produire.

AU-DELÀ DE L'ESPRIT

Les anciens Grecs avaient un mot pour cela : *métanoïa* (littéralement « au-delà de l'esprit »). La métanoïa peut être comprise comme une transformation de l'individu se produisant simultanément dans l'esprit et dans le cœur. C'est ainsi que je vous souhaite de recevoir les mots de ce livre. J'espère qu'ils vous inciteront à regarder en vous-même, afin de dépasser la logique et la raison et de vous ouvrir à des possibilités lumineuses et à une nouvelle conscience. Il y a ici une impression de mouvement, de retournement, de dépassement, d'ouverture. Car, que nous en ayons conscience ou non, nous sommes tous dans un long et magnifique voyage : le voyage vers la liberté personnelle et la libération de notre « moi » véritable. Le but de ce voyage est un changement fondamental dans notre perception du monde et de notre place dans celui-ci.

De fait, cette perception est ce qui rassembla les anciens Toltèques, qui se réunirent pour l'étudier et la comprendre, il y a plus de deux mille ans. Selon la tradition orale de ma famille, les Anciens savaient que la plus grande liberté réside dans l'art de voir la réalité telle qu'elle est vraiment, au-delà de nos accords et de nos histoires. Ce qu'ils ont découvert, c'est qu'aucun changement réel n'est possible sans une perception claire.

> Et quel est le plus grand obstacle à une perception claire ?
> La peur.

La peur est au cœur de chaque obstacle que nous rencontrons sur notre chemin vers la liberté personnelle. Il est important de noter, cependant, que lorsque j'utilise le mot *peur* dans ce contexte, je fais référence à la peur psychologique plutôt qu'à la peur physique. La peur physique peut être naturelle et utile, par exemple, si vous rencontrez soudainement un ours lors d'une randonnée dans les bois. Cette peur produit de l'adrénaline qui élève votre rythme cardiaque et augmente votre apport en oxygène, afin de préparer votre corps à se battre ou à fuir pour sauver votre vie.

Comparez cela avec la peur psychologique – la peur que les autres ne vous aiment pas, que vous n'obteniez pas ce que vous désirez, ou que vous ne soyez pas « assez bon ». Ces types de peur sont tous basés sur les accords que vous avez passés tout au long de votre vie. Malheureusement, cette peur psychologique produit les mêmes réactions dans notre corps que la peur physique, recréant les mêmes palpitations et la même terreur viscérale. Cela soumet notre corps à une quantité excessive de stress physique inutile qui, au cours de la vie, peut entraîner des conséquences néfastes.

Mais pourquoi la peur serait-elle le plus grand obstacle à une perception claire alors qu'il y a tant d'autres émotions négatives à considérer ? Parce que, dans la plupart des cas, la peur est au centre de toutes ces émotions. La grande majorité du temps, la colère, la haine, la jalousie, les regrets et pratiquement toutes les autres réactions négatives peuvent finalement être attribués à la peur. La peur nous paralyse en nous faisant croire que nous allons répéter les erreurs du passé, et nous submerge d'angoisses pour l'avenir. La peur nous maintient piégés dans la fausse croyance que nous ne sommes acceptables que lorsque nous répondons à une liste interminable d'attentes – nous devons être assez intelligents, assez beaux, assez spirituels, assez stables financièrement, assez accomplis, etc. Lorsque nous travaillons sur nos peurs en apprenant à les reconnaître et à les maîtriser, nous constatons souvent que les autres émotions négatives avec lesquelles nous luttons diminuent ou même s'évaporent avec elles.

Une grande partie du voyage que nous partagerons dans ces pages abordera ce problème de la peur, car surmonter ses manifestations psychologiques est une étape indubitablement nécessaire sur la voie d'une perception claire et de la liberté personnelle.

Le voyage

Dans la tradition toltèque, le voyage vers une perception claire peut inclure un véritable voyage physique, inspiré par le centre spirituel édifié par mes ancêtres toltèques, l'ancien complexe pyramidal de la ville de Teotihuacan (que je surnomme parfois « Teo »). Ce site historique est situé à environ quarante kilomètres à l'extérieur de la ville actuelle de Mexico. Les bâtiments, temples, routes et pyramides de Teo fournissent la carte que nous suivrons pour effectuer le travail décrit dans ce livre.

Chacun des emplacements de ce complexe a une signification particulière pouvant être considérée comme le symbole d'une étape sur le chemin de la liberté personnelle. Je l'ai moi-même traversé à plusieurs reprises au cours des trente dernières années – d'abord en tant qu'élève de mon père et de ma grand-mère, puis en tant qu'enseignant. La majesté de ses réalisations architecturales est à elle seule un témoignage de la sagesse des peuples anciens qui l'ont construit.

Mais même si je vous encourage à visiter cet endroit remarquable si jamais vous en êtes capable, je tiens également à préciser que vous n'avez pas besoin de vous rendre à Teotihuacan pour bénéficier du travail décrit ici. Car le voyage le plus important que vous puissiez faire est un voyage intérieur, en vous-même. Toute l'introspection, la préparation et le travail que vous devez faire sont en vous. Toute la sagesse dont vous avez besoin pour vivre une vie équilibrée et harmonieuse réside déjà dans votre cœur et votre esprit en ce moment même. Les enseignements de Teo, et ceux que je vous présente dans ce livre, ne sont là que pour vous aider à découvrir le pouvoir que vous possédez déjà et à vous y ouvrir.

Dans la tradition toltèque, nous enseignons que, bien que toute la sagesse et les réponses dont nous avons besoin soient en nous, nous avons tous parfois besoin d'un guide pour nous aider à les trouver. C'est là, le but de ce livre. J'y partage une variété d'exercices et de rituels conçus pour vous aider à effectuer ce travail intérieur. Les rituels et les cérémonies tiennent une place importante dans la tradition toltèque ; non pas que nous ayons un attachement particulier aux pratiques religieuses ou que nous soyons guidés par des superstitions (nous rejetons les deux), mais parce que ceux-ci ont le pouvoir d'atteindre des parties de notre être au-delà du mental.

Les rituels reposent sur notre expérience sensorielle, ainsi que sur notre rapport au temps et à l'espace. Nous commençons à un endroit et finissons à un autre, et pouvons alors constater combien nous avons été changés. Les rituels nous ouvrent, apportent de l'espace dans notre corps, notre esprit et notre cœur. C'est pourquoi je vous encourage vivement à vous ouvrir aux exercices, rituels et cérémonies concluant chaque chapitre de ce livre. Notre esprit rejette souvent le pouvoir des rituels et des cérémonies précisément parce que leur efficacité transcende nos capacités intellectuelles. Considérez alors votre esprit comme un adolescent grincheux qui ne veut pas que vous dansiez à la fête parce que vous pourriez l'embarrasser. Il survivra, alors dansez ! Parfois, la meilleure façon de vaincre le mental est simplement de l'ignorer.

La maîtrise

Il est important d'apporter quelques précisions quant au titre de cet ouvrage. Permettez-moi d'être clair sur ce que j'entends par le mot *maîtrise*. Dans le monde moderne, *maîtriser* quelque chose peut signifier soit exercer une volonté ou un contrôle ultime sur celui-ci – par exemple, donner des ordres à quelqu'un –, soit être en position de pouvoir, gagner ou dominer des personnes, des lieux ou des situations.

Vous ne trouverez rien de tout cela ici.

La *maîtrise*, dans le contexte de ce livre, fait référence à ce que nous *pratiquons régulièrement*. Dans ces pages, je vous demande d'examiner en profondeur ce que vous pensez de vous-même et du monde qui vous entoure, et de remarquer ce que vous faites par habitude : comment vous agissez et réagissez en fonction de vos croyances. Ensuite, une fois que vous êtes devenu plus conscient de ce que vous pensez, de la façon dont vous agissez et de l'origine de ces pensées et actions, je vous invite à pratiquer de nouvelles façons de penser, d'agir et d'être plus alignées sur votre vraie nature et votre voie la plus élevée. Je vous encourage à pratiquer l'art de vivre une vie non contrôlée par la peur.

Cette maîtrise-là ne vous permettra pas de contrôler d'une manière ou d'une autre le cours de la vie ni d'imposer votre volonté à d'autres êtres, lieux ou événements. Car, en réalité, devenir un véritable maître, c'est être libéré de tout besoin. Au lieu de quoi, vous vous efforcez d'aligner votre volonté individuelle sur celle de la vie elle-même, en faisant de votre mieux dans toutes les situations, en abandonnant les catégorisations et les séparations, et en acceptant pleinement ce qui est. Car vous avez compris que la vie sait mieux que vous. Cette compréhension vous apporte une paix plus profonde et plus longue que tout gain à court terme dont vous pourriez profiter en usant de votre contrôle ou de votre pouvoir.

Nous pourrions aussi dire que *lorsque vous maîtrisez la vie, Dieu est partout où se pose votre regard*. Bien sûr, cela est aisé lorsque nous contemplons un somptueux coucher de soleil, mais beaucoup plus difficile devant le carnage causé par la guerre. Pourtant, quelles que soient vos pensées à propos du coucher de soleil ou du carnage, la vie traverse les deux avec une égale mesure.

C'est pourquoi le voyage auquel vous invite ce livre consiste à apprendre comment vous abandonner à la vie plutôt que de tenter d'exercer une sorte de domination égotique sur elle. Le paradoxe est que c'est grâce à cette volonté d'abandon que nous gagnons en réalité un certain contrôle sur nous-mêmes, sur nos actions et réactions, et sur les choix que nous faisons. Ce qui peut nous conduire vers de merveilleux états de paix, de bonheur et de liberté. C'est le cadeau que mes ancêtres toltèques ont offert au monde il y a des siècles, et que j'ai le privilège de vous offrir aujourd'hui.

Alors, prenons une profonde inspiration et préparons-nous à marcher sur le chemin, conscients d'entreprendre ensemble un incroyable voyage.

CHAPITRE 1
L'ART DE VIVRE

Imaginez le moment de votre naissance.

Respirant, bougeant et tâtonnant à travers un tout nouvel environnement, vous êtes venu au monde doté d'une conscience, d'un esprit, d'émotions et d'instincts. Et ce miracle de la vie, l'incroyable ensemble de capacités que vous êtes, est arrivé ici avec un potentiel extraordinaire : le potentiel de construire une vie emplie de joie, d'émerveillement, de liberté et de créativité. Et alors même que chaque être humain possède ces capacités, chacun de nous est un individu unique, ayant la possibilité de devenir une personne pleinement réalisée, créative et aimante. Nous sommes tous des artistes, et nos vies sont notre art. Le mot *toltèque* signifie « artiste ». Les anciens Toltèques considéraient l'art comme dépassant de loin la portée que nous lui apportons aujourd'hui. Ils apprirent à maîtriser le grand art de la vie et de la liberté spirituelle en apprenant à reconnaître et à exploiter le potentiel et l'énergie rayonnante résidant en toutes choses.

Dans la tradition toltèque, nous croyons fermement que cette force vitale pure (cet alliage d'énergie et de potentiel) est présente en chacun de nous. Nous l'appelons *nagual*.

D'innombrables cultures et traditions spirituelles ont également reconnu et honoré cette force vitale, connue sous de nombreux noms : *chi*, *shakti*, *prana*, *Saint-Esprit*, *baraka*, *wakan*, etc. Cette énergie essentielle et vivante est toujours autour de nous. Elle se déplace à travers chaque être vivant et est façonnée par notre intention. Le nagual est présent en vous et en tous ceux qui vous entourent depuis votre venue au monde.

DOMESTICATION

Dès votre naissance (sinon déjà en amont, grâce aux outils de la technologie moderne), on vous a donné un nom et assigné un genre sexuel. Les prémices de ce qu'être « vous » signifie ont déjà été formées. Ceux qui vous ont accueilli dans ce monde ont pris soin de vos besoins primordiaux, vous fournissant nourriture, abri et amour au mieux de leurs capacités et niveau de conscience. Mais ils avaient aussi pour mission de vous aider à apprendre à vivre en société au sein d'un ensemble spécifique de croyances culturelles collectives.

Ainsi, en plus des soins primaires, vos parents ou tuteurs ont également « créé », sculpté votre esprit. Au cours des années suivantes, ils vous ont appris votre nom ; ils vous ont raconté des histoires sur votre naissance et votre famille ; ils vous ont identifié comme étant une fille ou un garçon. Et ils vous ont appris ce que tout cela signifiait dans la société dans laquelle vous viviez. Au fur et à mesure que vous grandissiez, ils vous ont orienté vers des modèles préconçus de préférences et d'aversions, et vous ont enseigné les normes sociales et culturelles : *dans cette famille, nous ne dansons ou ne chantons pas. Dans notre culture, les hommes ne pleurent pas.* Vous avez probablement accepté bon nombre de ces idées, et vous êtes rebellé contre d'autres. Mais, dans les deux cas, les histoires, les normes et les préférences ont insidieusement commencé à façonner votre identité et l'image que vous avez de vous-même.

De même, vos parents ou tuteurs ont partagé avec vous leurs idées, opinions, jugements, objectifs et désirs – ainsi que leurs craintes, dont certaines ont sans doute été exprimées pour votre sécurité : *ne touche pas au poêle. Fais attention aux voitures avant de traverser la rue.* Des directives comme celles-ci étaient utiles et nécessaires. Mais bien d'autres furent indirectement partagées avec vous : la peur de ne pas être aimé, la peur de ne pas avoir assez, ou la peur de ne pas *être* assez. Ces peurs jouent aussi un rôle protecteur, bien sûr, car l'être humain est un animal social et communautaire, et dans certaines circonstances, ne pas s'intégrer peut être dangereux, voire mortel.

Ce lent processus d'acculturation, par lequel on nous enseigne – directement ou indirectement – un ensemble de croyances, de peurs, de préférences et d'habitudes, est celui que la tradition toltèque appelle la *domestication*. À mesure que vous êtes domestiqué, vous acquérez les croyances et les comportements que vous croyez être « vous ». Vous créez une identité basée sur ce qu'être vous signifie. Cela peut sembler négatif ou pessimiste, mais ce n'est pas le cas. C'est simplement un processus inévitable que nous traversons tous.

Le fait que la domestication soit inévitable, cependant, ne veut pas dire qu'elle n'a pas de conséquences négatives. Au fur et à mesure que vous grandissez et êtes domestiqué, votre droit de naissance originel – la lumière essentielle en vous qui s'aligne avec le nagual – est souvent enseveli sous une déroutante montagne d'émotions, de règles et d'accords qui guident chacun de vos mouvements et contribuent à vous séparer de votre vérité la plus profonde.

Mais qu'adviendrait-il si vous pouviez découvrir cette vérité ?

Partout et en tout temps, les mystiques et chercheurs ont parcouru un chemin dédié à la découverte de leur propre vérité et de leur liberté personnelle. Ces voyageurs spirituels n'espèrent pas retourner à un état de perfection infantile, mais plutôt à aller au-delà de leur façon d'être actuelle, vers quelque chose de beaucoup plus riche. En récupérant leur pouvoir personnel, ils ravivent la conscience pure qui était la leur à la naissance et aspirent à une capacité nouvelle et mature à transformer leur expérience individuelle de manière à pouvoir créer, jouer, aimer et trouver de la joie, même au sein des plus grands défis de la vie. Ils embrassent l'amour inconditionnel comme étant le parfait miroir de tout ce qu'ils voient, et tiennent fermement tête à toutes les forces internes et externes qui cherchent à détruire leur paix intérieure. Ils ne laissent plus la peur les contrôler. C'est cela, la liberté personnelle. C'est là, la voie toltèque. C'est là, l'art de la maîtrise de la vie.

L'ANTIQUE CITÉ DE TEOTIHUACAN

Bien avant l'arrivée des Aztèques au centre-sud du Mexique, la région abritait le peuple toltèque, qui y vivait de façon prospère. La plus grande réalisation architecturale de ce peuple ancien est le complexe pyramidal de Teotihuacan, une structure abandonnée par ses habitants cinq cents ans avant l'arrivée des Aztèques. Aucune langue écrite connue et très peu de faits sur le peuple qui y vivait n'ont survécu, et nous ne savons presque rien de leur gouvernement, de leurs structures sociales, de leur religion ou de leur histoire.

L'architecture et l'art sophistiqués que les Aztèques découvrirent dans ce complexe les impressionnèrent tellement qu'ils décidèrent d'en faire le lieu de naissance des dieux eux-mêmes. Ils le nommèrent *Teotihuacan*, ce qui signifie « le lieu où l'homme devient Dieu » (une meilleure traduction moderne pourrait être « le lieu où l'être humain reconnaît la divinité en lui-même »).

Aujourd'hui, nous savons qu'en 500 de notre ère, au plus fort de son développement, la ville comptait une population d'environ deux cent mille personnes, ce qui en fait l'une des plus grandes villes du monde à cette époque. Bien qu'archéologues et anthropologues puissent être en désaccord sur les faits concernant la vie et la culture toltèques, ma famille et bien d'autres ont longtemps préservé une riche tradition orale remplie de mythes, d'histoires et d'enseignements qui éclairent la voie toltèque. Le but de ce chemin a toujours été le même : trouver la liberté personnelle en transformant notre vision basée sur la peur en une vision d'amour et de bonheur inconditionnels.

Les impressionnants vestiges de la ville de Teotihuacan sont aujourd'hui vénérés comme un lieu de grande puissance spirituelle. Du monde entier viennent touristes et chercheurs spirituels afin de poursuivre leur propre quête de liberté personnelle en accomplissant un voyage symbolique à travers la ville. Ils parcourent l'avenue des Morts, se déplaçant entre les grandes pyramides de Quetzalcóatl, de la Lune et du Soleil, ingénieusement orientées en fonction des directions cardinales, du ciel nocturne et des saisons.

Ma famille s'appuie sur la sagesse générationnelle du complexe lui-même, reliant le voyage spirituel intérieur et personnel de chaque être dans cette vie-ci aux différents composants extérieurs de la ville antique. En d'autres termes, chacune des avenues et places et chacun des temples correspond à une étape sur notre chemin intérieur. C'est donc la voie que nous suivrons à travers ce livre. Chaque chapitre correspond à un lieu différent de ce complexe, et chaque étape du voyage éclaire et approfondit notre compréhension du chemin de la réalisation de soi et de la liberté personnelle.

Il est primordial de comprendre que ces enseignements sont à la fois anciens et modernes et qu'ils évoluent constamment. Les Toltèques ont partagé la sagesse de cette voie de génération en génération, apprenant à chacun à emprunter son chemin. Car voilà son paradoxe : ce cheminement est unique et propre à chaque individu et ne peut être qu'ainsi. Comme ma grand-mère nous l'a toujours dit : « Si vous pratiquez la voie toltèque telle que votre père et moi la pratiquons, alors vous tuez la tradition. » Il m'a fallu du temps pour déchiffrer son message, mais j'ai fini par comprendre que cette voie traditionnelle sera toujours propre à celui ou celle qui la pratique, car elle sera façonnée par ses propres expériences et les leçons qui s'appliquent à sa vie.

RÊVES PERSONNELS ET COLLECTIFS

La tradition toltèque nous enseigne que notre esprit rêve constamment. De votre réveil à votre endormissement, votre esprit actif perçoit et crée des histoires afin de tenter de donner un sens à ce qu'il perçoit. C'est ce que les Toltèques appellent le *rêve personnel*. C'est un rappel que notre compréhension du monde est filtrée par nos perceptions, conditionnements (domestication) et expériences. C'est en partie la raison pour laquelle les Toltèques n'ont pas de règles ou de doctrines spécifiques qui s'appliqueraient à tous. Alors que le chemin de la guérison – la voie du guerrier toltèque – a été parcouru par des milliers avant vous, il n'est qu'une seule personne qui puisse le parcourir pour vous : vous-même.

Parce que nous ne passons pas nos vies seuls, il existe également un *rêve collectif*, que la tradition toltèque nomme le *Rêve Planétaire*, et qui représente la somme totale de tous les rêves personnels. Ainsi, c'est notre rêve collectif qui crée le monde tel que nous le connaissons. Dans ce livre, j'irai plus loin et vous présenterai le *Rêve Universel*, qui englobe toutes les connaissances scientifiques et techniques que nous avons acquises sur les étoiles, les planètes et les galaxies bien au-delà des nôtres. Le Rêve Universel est illimité et élargit notre perception, en constante expansion.

Le fil rouge qui sous-tend chacune de ces possibilités de connaissance et d'être – les rêves personnels, le Rêve Planétaire et le Rêve Universel – est la compréhension du guerrier toltèque que *c'est notre perception qui crée notre réalité*. Dans la tradition toltèque, ce n'est pas juste une métaphore, mais bien une vérité vérifiée.

LA VOIE DU GUERRIER

L'une des plus remarquables caractéristiques du peuple toltèque est qu'il se concentrait sur l'art de la réalisation de soi et de la pleine conscience, et non sur la guerre et la domination. Le guerrier toltèque n'est donc pas un guerrier au sens « habituel », militaire, entraîné à tuer, à défendre ou à conquérir. Les guerriers toltèques font face à la guerre spirituelle en eux-mêmes. Leur objectif ultime est de vivre avec une acceptation et un amour universels plutôt que dans la peur, l'avidité et la haine.

La métaphore du guerrier nous rappelle également que ce chemin promet une grande récompense, et que, bien qu'accessible à tous, il n'est pas si facile. La voie du guerrier commence par la prise de conscience que nous devons d'abord aller vers l'intérieur, en soi, car il ne peut y avoir de progrès sans une profonde réflexion sur notre propre personne et notre esprit. Nous devons arriver à comprendre comment nous fonctionnons et comment fonctionne le mental. Car nous ne pouvons rien comprendre, rien ressentir, rien croire, et ne pouvons parvenir à aucun progrès spirituel sans utiliser notre esprit.

Et, bien que nous naissions parfaits – petits corps faits de lumière pure et d'énergie reliée à la source nagual –, nous apprenons rapidement à utiliser notre mental. Puis, à travers le processus de domestication, notre perception est progressivement corrompue par des croyances et des accords inutiles. Bien que nous souhaitions tous vivre une vie qui soit tel un merveilleux rêve, nos rêves personnels et collectifs peuvent être empoisonnés au point de ressembler davantage à des cauchemars. Le résultat est visible partout, dans les guerres et la violence que nous nous infligeons les uns aux autres. Mais l'origine de toute cette souffrance extérieure provient toujours d'un conflit primordial en nous-mêmes.

À la base de tout conflit extérieur se retrouve l'idée intérieure que nous n'avons pas assez de ce dont nous pensons avoir besoin, ou que nous ne sommes pas assez bien tels que nous sommes. Chaque fois que nous nous jugeons comme pauvres et manquant de quelque chose, ou pas assez bien (pas assez compétents, intelligents, forts, attirants, etc.), nous nous causons, ainsi qu'aux autres, beaucoup de souffrance. Malheureusement, beaucoup d'entre nous passent aujourd'hui le plus gros de leurs journées dans la souffrance mentale plutôt que dans la paix. Il n'est donc pas surprenant que certains vivent un véritable cauchemar et non un rêve. La voie du guerrier nous apprend à reconnaître où et quand nous causons notre propre souffrance et comment celle-ci est uniquement basée sur notre propre perception erronée.

Dans son livre *La Sagesse des chamanes toltèques* (2018), mon frère Don José explique que dans le Rêve Planétaire actuel, l'esprit humain a développé une habitude – voire une dépendance – à la souffrance. Bien que cette affirmation puisse sembler étrange au premier abord, si vous réfléchissez honnêtement à toutes les manières dont les humains se font souffrir les uns les autres et personnellement, je pense que vous serez bien obligé de constater qu'elle dit vrai. De toutes les façons dont nous causons des dommages émotionnels par le biais d'habitudes insignifiantes, comme les commérages, ou celui de l'horreur destructrice de la guerre, nous sommes la principale source de la souffrance humaine. Et si nous regardons honnêtement en nous-mêmes, nous pourrons voir nos propres tendances à graviter vers la souffrance. Par exemple, avez-vous déjà remarqué à quel point nous recherchons souvent des problèmes lorsque les choses sont devenues trop paisibles ? Et qu'en est-il de notre amour collectif pour tout ce qui est dramatique ? Allumez n'importe quel téléviseur et vous n'aurez pas à attendre très longtemps pour en voir une illustration.

La racine de toute cette souffrance mentale est la peur psychologique – soit la peur de ne pas obtenir ce que nous désirons (qu'il s'agisse d'un objet matériel, de reconnaissance ou de louanges, de l'amour des autres) ou la peur de perdre ce que nous croyons posséder. L'ironie est que la plupart de nos peurs sont basées sur des conditionnements plutôt que sur notre propre vérité intérieure.

Par exemple, beaucoup d'entre nous acceptent aujourd'hui des emplois et acquièrent des biens ou un statut simplement parce que c'est « ce qu'il faut faire ». Nous nous convainquons que nous devrions « faire comme les autres » et « posséder les mêmes choses » pour réussir, être acceptés et vivre heureux. Nous vivons dans un monde de comparaisons, dans lequel nous enchaînons notre estime personnelle et notre acceptation de soi à des normes créées par d'autres, au lieu de les baser sur l'étude honnête de nos propres désirs et besoins. Certains vivent ainsi depuis si longtemps qu'ils n'ont plus aucune conscience de ce qu'ils veulent vraiment pour eux-mêmes. Comme vous pouvez l'imaginer – ou l'avez peut-être déjà expérimenté –, ce comportement conduit inévitablement à la souffrance, jamais au véritable bonheur.

Le but des guerriers toltèques est de reconnaître les accords fondés sur la peur et toute croyance inutile, de s'en libérer et de se réaliser pleinement en tant qu'êtres spirituels vivants, *ici et maintenant* ; en tant que manifestations parfaites et entières du nagual – de la vie elle-même. Ils deviennent ainsi des artistes dont le chef-d'œuvre est l'histoire de leur propre vie. Dans ces nouveaux rêves dont ils sont pleinement les auteurs, ils peuvent enfin agir en accord avec ce qu'ils souhaitent manifester dans leur vie.

Afin d'atteindre de tels résultats, une *quête de pouvoir* est un outil utile sur la voie du guerrier.

QUÊTE DE POUVOIR

À son niveau le plus élémentaire, une quête de pouvoir est un voyage cérémonial effectué vers un lieu sacré et au cœur de celui-ci. Il s'agit souvent d'une ruine, d'un monument ou d'un site naturel ayant été utilisé au fil du temps par une ou plusieurs traditions afin d'y rassembler un pouvoir spirituel, de célébrer des rituels et d'organiser des cérémonies facilitant la transformation et la libération individuelle et collective. De tels lieux existent partout dans le monde : roues médicinales dans l'Ouest américain, la montagne de la Table en Afrique du Sud, Stonehenge dans la campagne anglaise, Camino de Santiago en Espagne. Ma famille a longtemps effectué des pèlerinages à Teotihuacan pour des quêtes de pouvoir, y initiant des apprentis et autres chercheurs sur la voie sacrée que nous y suivons. Ce chemin nous mène de la place de Quetzalcóatl à la pyramide du Soleil, en traversant les ruines antiques de manière cérémonielle.

À la fin d'une quête de pouvoir dans un lieu sacré, les gens constatent souvent qu'ils ont profondément changé leur propre perspective. Leur vision du monde et de la vie est différente, leur expérience sensorielle plus vive, et cela, encore bien après leur retour à leur vie « normale ». Ils ont aussi la possibilité de s'imprégner de l'énergie et de la sagesse des voyageurs précédents. Nous ressentons leur présence solidaire, en tant qu'architectes de ces espaces sacrés et en tant que guides transcendant les limites du temps pour atteindre nos cœurs et nos esprits à travers leurs créations. Dans de nombreuses traditions indigènes, ces lieux sont également profondément enracinés dans le pouvoir du monde naturel et des quatre éléments primordiaux (eau, air, feu, terre). Pour cette raison, un voyage énergétique (ou quête) peut renouveler notre connexion à la Terre elle-même, ainsi qu'au Soleil et à la Lune, à la vie végétale et animale, et à l'immensité de notre univers.

Une quête de pouvoir peut être liée à un lieu physique, mais n'a pas à l'être nécessairement. Dans la tradition toltèque, on dit que tout voyage extérieur est un petit voyage ; le plus grand voyage est celui que vous faites en vous-même.

La plupart des voyages extérieurs (y compris le chemin que nous suivons à Teo) sont linéaires. Nous nous déplaçons d'un point à un autre le long d'un parcours prédéterminé. En revanche, les voyages intérieurs s'apparentent davantage à une spirale sans fin. En progressant sur la voie du guerrier toltèque, vous verrez que certaines circonstances et situations de votre vie se représenteront à vous, encore et encore, et que vous en aurez chaque fois une conscience accrue. Si vous n'apprenez pas ce que la situation a à vous enseigner, la leçon se répétera. Le travail n'est jamais terminé ; la maîtrise est toujours un voyage en cours. Il n'est donc pas surprenant que le symbole de la spirale se retrouve dans les anciens pétroglyphes du monde entier.

Bien que le chemin n'ait pas de fin, cela ne signifie pas que les guerriers n'ont pas d'objectifs vers lesquels ils travaillent. Leur but, tout au long de ce voyage, est d'aller au-delà de tous les accords domestiqués fondés sur la peur présente en eux-mêmes, afin de pouvoir vivre une vie d'artiste, de créateur, fondée sur la joie et l'amour inconditionnel.

Le peuple antique qui construisit Teo avait-il déjà envisagé que nous arpenterions cette voie aujourd'hui ? Nous ne le saurons jamais. Mais j'ai la certitude qu'ils étaient tout aussi conscients, sinon plus, de l'importance de ce cheminement vers la maîtrise de la vie que nous ne le sommes aujourd'hui.

LA PEUR ET L'AMOUR

Cette quête intérieure n'est pas un voyage pour les âmes sensibles, car elle vous demandera d'examiner votre identité, vos désirs, vos domestications, et exigera que vous renonciez au « petit moi » qui occupe une si grande partie de votre quotidien. Notre domestication est si profondément enracinée et nous nous attachons tellement à ces parties familières de nous-mêmes que nous les considérons souvent comme la somme totale de ce que nous sommes. Aussi, ce processus peut réveiller la peur psychologique que nous nous efforcions de détruire.

Il y a plusieurs raisons à cela. Premièrement, lorsque vous renoncez à la sécurité de ce qui vous est familier, et même lorsque ce qui vous est familier est source de souffrance, vous ressentez presque toujours de la peur. Par exemple, combien de fois avez-vous choisi de rester dans une mauvaise situation (un travail ou une relation) parce que c'était devenu habituel et donc confortable ? Deuxièmement, et cela peut vous surprendre, au fond, beaucoup d'entre nous ont peur de leur propre potentiel, peur de montrer la lumière unique qu'ils sont et de la laisser briller de mille feux tout autour d'eux. Peut-être vous demandez-vous si entrer dans votre pouvoir personnel va éloigner ou offenser les gens autour de vous et les groupes auxquels vous appartenez. Et si vous ne pouviez jamais revenir au confort d'être doux et inconscient ?

Ce sont des peurs communes, mais des peurs purement psychologiques. C'est-à-dire que ces craintes sont illusoires. Derrière ces illusions se trouvent votre liberté, une façon de vivre, un monde où la peur est remplacée par l'amour inconditionnel. Cela ne veut toutefois pas dire que vous ne ressentirez pas de temps en temps l'émotion humaine de la peur, mais plutôt que la peur ne contrôlera plus votre vie. Et lorsque celle-ci surviendra, vous pourrez la reconnaître et la transformer.

Les peurs psychologiques dominent la vie moderne, faisant des ravages dans notre corps et notre esprit, alimentant une incessante dépendance à l'autojugement, à la culpabilité et à la souffrance. La prévalence de ce type de peur est peut-être le plus grand indicateur que votre rêve personnel s'est changé en cauchemar.

Lorsque la peur est votre principale motivation, vos émotions, vos relations et vos comportements sont détournés par une puissante voix intérieure qui prétend vous protéger, mais qui en réalité vous limite et crée des dégâts. La peur emprisonne et dissimule votre véritable « moi » derrière des masques et des traits de caractère. Elle sape vos désirs les plus profonds, vous fait construire des barrières de protection et même repousser l'amour des autres. Elle vous encourage également à essayer de contrôler les situations actuelles et de prédire l'avenir, bien que le seul moment qui existe réellement et que nous puissions impacter soit le présent. Enfin, la peur arrive à vous convaincre du plus gros des mensonges : que vous êtes petit et insignifiant, et que vous êtes séparé du reste de la Création.

Le but de la voie du guerrier est de remplacer cette peur par l'amour. Mais dans la tradition toltèque, nous reconnaissons qu'il existe deux manifestations de l'amour : conditionnelle et inconditionnelle.

L'amour conditionnel ne fonctionne que pour obscurcir votre véritable réalité par le biais de la domestication. À la racine de toute domestication, il y a inévitablement une sorte de condition : *Si je fais ceci ou cela, alors je serai digne d'être aimé.* Mais cela s'adresse aussi aux autres : *si vous faites ou dites les bonnes choses (obtenez les bonnes notes ou le bon travail), alors je vous donnerai mon approbation et mon amour.* La menace et les conséquences inhérentes, bien sûr, sont que, si vous ne faites pas ce qui est attendu de vous, l'amour vous sera refusé. Le pilier de l'amour conditionnel est la condition *si/alors*. Mais il n'y a pas de marchandage dans l'amour inconditionnel.

L'amour inconditionnel découle directement du nagual, à travers nos cœurs et dans le monde, lorsque nous interagissons avec les autres et avec la vie par le biais du prisme de la compassion. L'amour inconditionnel reconnaît que le nagual – la nature divine et l'énergie de la vie elle-même – traverse et anime chaque être vivant, et est donc présent dans chaque être que vous rencontrez, peu importe ce qu'il est ou si vous êtes d'accord avec lui sur des questions de culture, de religion, de politique ou toute autre façon d'être ou de penser. La réalisation d'une véritable maîtrise se reflète dans votre capacité à voir clairement cette réalité dans chaque être vivant. *Il n'y a que l'amour.*

C'est pourquoi il s'agit d'une voie dite « guerrière ». Car vous êtes le réceptacle du pouvoir du nagual qui s'écoule en vous – bien qu'il puisse être obscurci par toutes sortes d'accords, de jugements et de peurs. Quoi qu'il en soit, votre pouvoir ne réside jamais là où la peur vous maintient en tension et séparé : biens, statut, intellect, personnalités ou masques que vous pouvez porter à différentes occasions. La vraie source de votre pouvoir, votre droit de naissance, est votre union avec la vie elle-même, éternelle et toujours présente, que vous l'ayez ou non dissimulée ou perdue de vue.

Ce voyage intérieur ne peut commencer qu'au seul endroit qui existe véritablement : là où vous vous trouvez *ici et maintenant*. Entrez dans ce moment et acceptez-le radicalement comme étant exactement là où vous êtes censé être. Tout ce qui s'est passé jusqu'à maintenant a fait de vous ce que vous êtes, et vous a amené ici. Rien dans votre vie n'a été une erreur.

SE PRÉPARER AU VOYAGE

Avant tout voyage, vous commencez par préparer ce que vous comptez emporter avec vous. De même, pour ce voyage intérieur, je vous propose d'acquérir deux outils spécifiques auxquels je ferai référence tout au long de ce livre : un journal de bord (carnet de notes, journal intime) et un lieu de méditation.

* * *

Exercice : journalisation

Pour votre journal, choisissez n'importe quel cahier vierge qui vous plaît. Il n'a pas besoin d'être sophistiqué, mais il doit vous attirer suffisamment pour que vous ayez envie de l'utiliser. Le toucher est une bonne façon de ressentir l'énergie et le potentiel d'un objet. Votre journal vous permettra de garder une trace (écrite ou dessinée) des nombreux aspects de votre voyage. C'est un moyen puissant de se rappeler et de renforcer ce que vous apprendrez et découvrirez au fur et à mesure de votre progression.

Si l'idée d'écrire à la main dans un carnet ne vous intéresse pas, vous pouvez choisir de tenir un journal sur votre ordinateur portable ou tout autre appareil électronique. Pour certains, la dactylographie est un moyen plus rapide, permettant de créer un sentiment de « flow » (zone de génie) propice à la libre association et à l'expression. À vous de découvrir ce qui fonctionne le mieux pour vous.

Vous voudrez peut-être faire de votre temps de journalisation un rituel en lui accordant un créneau fixe, ou en allumant une bougie pour faire de votre écriture un acte sacré. Ce n'est toutefois pas nécessaire si cela ne vous attire pas.

Afin d'ouvrir la voie et d'entamer votre voyage, commencez par choisir l'une de ces pistes de réflexion :

- À la fin du voyage de ma vie, qu'aimerais-je ressentir ?
- Quelles sont mes plus grandes craintes au sujet de ce voyage ?

- Que suis-je prêt à accepter (à propos de moi-même ou de la quête de pouvoir que j'entreprends), même si cela me déplaît ?

*

* *

Exercice : méditation zazen

La méditation est un outil puissant pour apprendre à se connaître soi-même. Certains d'entre vous ont peut-être déjà essayé une pratique méditative dans le passé, et peut-être avez-vous trouvé frustrant de ne pas parvenir à « apaiser votre esprit ». Cependant, ce n'est pas nécessairement l'objectif principal de la méditation, et ce ne sera pas le nôtre ici. Je vous invite à pratiquer la « méditation assise » (zazen), non pas pour vider votre esprit, mais simplement pour le regarder fonctionner. Je sais que le mot *méditation* peut être intimidant, mais gardez à l'esprit qu'il vous suffit de rester tranquillement assis, rien de plus. La signification que vous accordez aux mots est basée sur vos accords, alors si le mot *méditation* vous dérange, choisissez-en un autre, par exemple *relaxation*, *prière* ou *silence*.

Vous n'avez pas besoin de créer un espace élaboré pour la méditation. Vous aurez simplement besoin d'un endroit calme où vous pouvez être tranquille pendant dix à vingt minutes. Certaines personnes aiment s'asseoir par terre dans l'une des postures de méditation classiques, mais cela non plus n'est pas obligatoire. La meilleure posture pour la plupart des débutants est de s'asseoir sur une chaise, le dos droit, les pieds bien à plat sur le sol et les mains légèrement posées sur le haut des cuisses. Il est également plus aisé de se concentrer les yeux fermés. Certains choisiront peut-être de répéter un mantra, un mot ou une phrase. L'une des méthodes de concentration les plus élémentaires et les plus facilement accessibles consiste simplement à observer votre respiration : l'air entrant et sortant de votre corps. C'est la forme de méditation que je vous recommande.

Une fois que vous vous serez installé dans une posture de méditation confortable et que vous vous concentrerez sur le rythme et le mouvement de votre respiration, vous ressentirez peut-être des pensées, des émotions et des rêveries traversant votre esprit. Ne tentez pas de les influencer ou d'interrompre leur cours. Il suffit de les observer passer et de les laisser partir. Si vous vous retrouvez pris au piège d'une pensée, d'une émotion ou d'un songe (ce qui est très courant), revenez simplement à l'observation paisible de votre respiration, et détendez-vous. Observez. Au fil du temps, vous constaterez peut-être que cela devient plus facile et que, même si vous n'avez pas fait l'effort de calmer votre esprit, cela se produit naturellement. Je continuerai de vous proposer diverses formes de méditation tout au long de cet ouvrage.

*

*   *

Exercice : méditation d'acceptation de soi

Je vous suggère également, avant de remplir votre « valise », de commencer par la désencombrer. Autant que possible, essayez de vous libérer des attentes quant à l'avenir, et de toute pensée reliée aux diverses façons dont vous pensez avoir « échoué » par le passé. C'est ici, au tout début de votre voyage, que commence l'acceptation de vous-même, tel que vous êtes en cet instant.

Cette courte méditation marquera le début de notre voyage ensemble. N'hésitez pas à prendre le temps dont vous avez besoin pour cela, mais cinq à dix minutes devraient suffire. Le but est de plonger pleinement dans l'instant présent et de vous accepter tel que vous êtes. Il n'est pas nécessaire de trouver l'endroit « parfait » pour cette méditation. Le lieu où vous lisez ces mots en ce moment fera parfaitement l'affaire. Détendez-vous simplement et prenez trois profondes respirations purifiantes. Imaginez une pure énergie de lumière dorée s'écoulant à travers vous et tout autour de vous.

Puis, dites-vous (à voix haute ou à voix basse) : « Je m'accepte exactement tel que je suis en ce moment. »

Si vous constatez l'arrivée de pensées négatives récurrentes, imaginez que les fils qui vous attachent au passé sont doucement coupés. Laissez les regrets ou les souvenirs préoccupants flotter doucement loin de vous. De même, si des angoisses et des inquiétudes vous assaillent, imaginez que les fils qui vous attachent à l'avenir sont doucement coupés, et laissez ces angoisses s'envoler loin de vous comme des ballons.

Puis, revenez à votre mantra : « Je m'accepte exactement tel que je suis en ce moment. » Inspirez, expirez. Répétez le mantra. Posez ce livre et poursuivez cette pratique pendant les prochaines minutes. Reposez-vous dans la paix du nagual en vous.

CHAPITRE 2

LA PLACE DE QUETZALCÓATL

Imaginez-vous debout sur une scène au milieu d'un grand auditorium rempli de centaines de personnes. Vous ignorez complètement comment vous êtes arrivé là et ce que vous êtes censé faire. Regardant tout autour de vous, vous remarquez que vous êtes seul sur scène et que tout le monde vous dévisage.

Tous semblent attendre que vous fassiez quelque chose, mais vous ne savez absolument pas quoi. En observant plus attentivement les visages des personnes présentes, vous pouvez voir que certains sourient, que d'autres ont des regards sévères, réprobateurs, et que d'autres encore ont l'air de s'ennuyer et de se désintéresser de la scène.

Mais soudain, les spectateurs souriants commencent à vous encourager à danser, à chanter, à faire quelque chose, alors que la musique monte et qu'un microphone descend du plafond au-dessus de vous. Les renfrognés à l'air patibulaire commencent à se plaindre à grands cris : ils n'aiment pas cette musique, ils exigent qu'on la change, voire que l'on vous remplace sur la scène. Quant aux désintéressés, ils se sentent contraints de choisir un camp. Certains vous crient que vous n'êtes pas doué, que vous n'avez rien à faire là et devriez partir. D'autres applaudissent vos efforts et vous affirment que vous êtes le meilleur. Beaucoup critiquent votre apparence : vous êtes mal sapé, selon leurs goûts. D'autres surenchérissent en admettant que vous êtes plutôt pas mal. Tout le monde dans le public se décide à vous offrir toutes sortes de conseils sur ce que vous devriez faire ensuite.

Rapidement, la plupart commencent à se disputer entre eux tout en vous lançant des directives. Leurs cris combinés à la musique créent un tohu-bohu assourdissant. Chacun a une opinion arrêtée sur ce que vous devriez faire ou non, et tous se disputent votre attention.

Vous tombez peut-être d'accord avec certaines de ces opinions et pas avec d'autres. Et si certaines voix sont utiles, beaucoup ne le sont pas. Vous essayez d'isoler et d'écouter uniquement les voix que vous aimez, mais lorsque vous regardez votre propre corps, vous vous reconnaissez à peine. Vous êtes tel un caméléon schizophrène, changeant de forme, de taille et de couleur en fonction de tous les avis et conseils qui tourbillonnent autour de vous. Terrifié, vous quittez la scène, trouvez une salle de bain et vous y enfermez. Contemplant votre reflet dans le miroir au-dessus du lavabo, vous commencez à retrouver votre calme. Vous pouvez vous voir. Vous commencez à vous rappeler qui vous êtes vraiment.

Cette expérience ressemble fortement à un cauchemar que très peu d'entre nous souhaiteraient faire. Mais, d'une certaine manière, nous avons déjà vécu une version de ce scénario dans notre vie. Les Toltèques appellent cela le *mitote*, les voix dans votre esprit qui vous bombardent de toutes sortes de messages contradictoires et réclament votre attention. Ce sont les voix qui vous ont domestiqué. L'une des formes les plus simples et les plus évidentes de mitote est celle de la publicité commerciale, qui nous empoisonne constamment avec la croyance erronée que si nous acquérons tel produit ou tel service, nous serons d'une manière ou d'une autre plus attirants, plus riches, plus puissants, que nous serons enfin complets et que notre vie sera alors heureuse. Bien sûr, ces messages ne sont diffusés que parce qu'ils fonctionnent, preuve qu'ils sont souvent le résultat du conditionnement que nous avons reçu durant les premières années de notre domestication.

Sans le savoir, nous vivons l'entièreté de notre existence écrasés par ce babillage chaotique, basant nos actions et nos sentiments sur les opinions, les idées et les croyances des autres, au lieu de découvrir qui nous sommes réellement et ce que nous souhaitons vraiment pour nous-mêmes. Malheureusement, pour certains, cette danse de complaisance peut perdurer à l'âge adulte. Finalement, essayer de répondre aux attentes de quelqu'un d'autre peut devenir si naturel qu'ils ne s'en rendent même plus compte, persuadés que c'est ainsi que la vie est censée être vécue.

Dans la quête de pouvoir que nous entreprenons à Teo, nous explorons le mitote lors de notre premier arrêt, dans un endroit appelé à juste titre la mer de l'Enfer. Il marque le début du cheminement qui vous libérera de la peur afin de vous permettre d'entrer dans l'amour et l'acceptation.

LA MER DE L'ENFER

La mer de l'Enfer est située sur la place de Quetzalcóatl, une grande étendue ouverte devant la pyramide de Quetzalcóatl, à l'extrémité sud de l'avenue des Morts. Lors de nos quêtes de pouvoir à Teo, nous marchons le long de cette avenue pendant plusieurs jours de rituels et de cérémonies avant d'arriver à notre destination, la pyramide du Soleil.

Le centre de cette place s'appelle la mer de l'Enfer, car elle représente le Rêve Planétaire tel que nous le connaissons actuellement, construit par des milliards de petits ego à l'intérieur de chacun de nous, réclamant tous le contrôle et l'attention des autres. Les ego de ceux qui nous ont précédés ont établi toutes sortes de règles, de jugements et d'accords qui, ensemble, s'ajoutent à ce que nous appelons notre culture – ou la réalité elle-même. Depuis toujours, nous suivons leurs traces et respectons docilement les édits de la société, presque inconsciemment. Et tout comme eux, nous essayons très tôt de contrôler et de manipuler les autres comme nous-mêmes, car nous craignons ce qu'il pourrait advenir si nous ne suivions pas ces règles. Ce faisant, nous nous aveuglons nous-mêmes face à la vérité de qui et de ce que nous sommes.

Nos parents ou tuteurs nous ont entraînés à cela, et presque toujours avec de bonnes intentions. Dès le début de notre vie, les adultes qui nous aimaient et prenaient soin de nous se sont mis à partager avec nous les connaissances qu'ils pensaient nécessaires et indispensables à notre survie, telles que les règles et croyances nous permettant de nous intégrer à la société. Ils nous ont domestiqués afin que nous puissions rejoindre l'immense famille de l'humanité, y survivre et y prospérer.

Les problèmes commencent lorsqu'à la domestication se mélangent les blessures émotionnelles des autres. Par exemple, un acte de domestication courant et nécessaire consiste à enseigner aux enfants le danger physique que représente le feu. Après tout, les enfants ont besoin de savoir ce qui est sûr et ce qui ne l'est pas. Nous mettrions nos enfants en grand danger si nous ne leur apprenions pas que le feu peut brûler, étouffer et détruire. Leur enseigner les mesures de sécurité anti-incendie dès le plus jeune âge est donc un acte d'amour.

Mais à cette domestication nécessaire peut s'ajouter un conditionnement inconscient qui se rapporte, lui, au danger *psychologique* plutôt que physique. Prenons l'exemple d'un incendie. Disons que lorsque vous étiez enfant, votre mère est entrée dans le garage et vous a trouvé en train de jouer avec des allumettes, une situation naturellement dangereuse. Elle a ressenti une vague de colère et de peur, enracinée dans une blessure émotionnelle de son passé. Peut-être a-t-elle perdu quelque chose de précieux ou même un être cher dans un incendie, ou a-t-elle été effrayée par ses propres parents lorsqu'elle-même jouait avec le feu, enfant. Submergée par l'émotion, elle vous a peut-être donné l'impression, ou vous a même clairement dit, que ce que vous faisiez était « mauvais » ou « mal ». Elle a peut-être même estimé qu'il était de son devoir de vous faire peur pour que vous compreniez le danger très réel que représente un incendie.

Résultat : vous avez peut-être accentué et amplifié ce message parental et formé certaines croyances basées sur le contexte de cette expérience. Par exemple, lorsque vous jouiez, vous vous imaginiez peut-être mener une expérience scientifique ou vous étiez simplement curieux de la capacité apparemment magique des allumettes à « créer » du feu. Mais depuis que votre mère vous a réprimandé et dit que ce que vous faisiez était mal, vous avez pu ensuite assimiler ce type de curiosité à un sentiment de peur et de honte – sentiments qui vous suivront peut-être jusqu'à l'âge adulte. Si bien qu'aujourd'hui, lorsqu'une opportunité se présente qui nécessite des qualités de curiosité, de créativité ou d'exploration, vous pouvez vous sentir craintif et anxieux, sans même savoir pourquoi ni vous souvenir de cet événement formateur. Ce genre d'émotion mitigée se produit au niveau subconscient et, par conséquent, vous pouvez commencer à perdre confiance en vous-même et en votre propre jugement.

Dans mon livre précédent, *La Maîtrise de soi*, je relate l'histoire d'un enfant qui déjeunait avec sa grand-mère. Dans un effort sérieux et bien intentionné de lui faire manger l'intégralité de son bol de soupe, elle lui dit que gaspiller de la nourriture était un péché. L'enfant refusa tout d'abord d'obtempérer, mais puisqu'elle continua de le pousser, il finit par céder et termina sa soupe. Une fois qu'il eut fini, elle le récompensa en lui disant qu'il était un bon garçon. Il n'y a aucune intention malveillante derrière ce système de punition/récompense, mais dans son esprit, l'enfant accepte désormais que ne pas manger toute la nourriture devant lui est un péché. Il est domestiqué, conditionné par cette idée et grandit donc en abordant tous ses repas à travers le prisme de cet accord. Cela pourra avoir pour résultat involontaire de l'amener à manger toute la nourriture mise devant lui, même lorsque son corps lui indique qu'il est rassasié, et même si trop manger le rend physiquement malade.

Ces deux exemples montrent clairement que, lorsque nous sommes jeunes, nous écoutons des voix extérieures comme celles de nos parents et autres adultes, mais que très vite, ces voix deviennent les nôtres. Le processus de domestication devient alors une autodomestication. Comme le dit mon père : « Les humains sont les seules créatures sur la planète qui s'autodomestiquent. »

Une fois qu'un accord s'est formé dans notre esprit, le formateur d'origine n'a plus besoin d'être présent. Nous continuons simplement de renforcer notre domestication en développant notre propre dialogue interne. C'est pourquoi la domestication est si efficace ; une fois que nous adhérons à une idée, nous n'avons plus besoin de qui que ce soit pour nous la répéter.

Très souvent, ces voix internes ajoutent un chœur de croyances négatives à notre discours intérieur constant, et contribuent au mitote en nous. Certaines voix sont propres à chaque individu, bien sûr, mais plusieurs d'entre elles sont si communes que nous pouvons clairement les identifier par leur nom comme « le parasite », « le juge » et « la victime ».

LE PARASITE

La première et, souvent, la plus forte voix négative dans nos têtes – résultant souvent de l'incarnation de toutes les bonnes intentions reçues dans un processus de domestication ayant mal tourné – est ce que la tradition toltèque appelle la voix du parasite. Le parasite prend les expériences de votre passé et en amplifie les aspects négatifs, les retournant contre vous sous la forme d'autojugement, de rejet de soi et autres formes de souffrance auto-infligée. C'est le formateur interne qui continue d'être actif dans notre vie d'adulte.

Dans le Rêve Planétaire actuel, l'arme la plus puissante du parasite est une idée que beaucoup d'entre nous ont fini par accepter sous une forme ou une autre : l'idée que *nous ne sommes pas assez bien*. Le parasite se plaît à réciter ce mantra encore et encore : *tu n'es pas assez intelligent, pas assez attirant, pas assez riche, pas assez talentueux, pas assez créatif, pas assez spirituel. Tu n'es pas digne d'être aimé, d'être accepté, d'être choisi.* C'est étrange de voir combien d'êtres humains croient fermement à cette idée inconsciente et infondée.

Le parasite se nourrit de votre peur psychologique. Il utilise vos expériences passées, les jugements des autres et tout autre souvenir ou émotion négative pour vous garder petit, obéissant et sous son emprise. Le parasite est la voix à l'intérieur de votre tête qui vous rappelle les erreurs du passé. C'est la voix qui vous convainc que si vous montrez aux gens qui vous êtes vraiment, ils ne vous aimeront plus ;

alors vous feriez mieux d'être agréable, de vous taire et de garder la tête baissée.

Il est important de comprendre que le parasite est un maître métamorphe. Même après que vous avez commencé un travail sur vous et apporté des changements positifs dans votre vie, le parasite continuera d'apparaître, souvent de manière nouvelle et inattendue. La voie spirituelle elle-même peut devenir un piège utilisé par le parasite pour vous contrôler et vous diminuer. Je connais ainsi beaucoup de membres de la communauté toltèque qui sont tombés dans le piège de croire qu'ils ne sont pas d'assez bons guerriers toltèques.

Mais même s'il n'est pas toujours facile au début de reconnaître les pensées et actions motivées par le parasite en nous, avec le temps et la pratique, vous apprendrez à le repérer. Le fait est que chaque fois que vous entendez une voix en vous qui utilise la peur, la honte ou la culpabilité – même subtilement – pour tenter d'influencer vos actions, c'est la voix du parasite.

Comme tout parasite physique, celui de votre esprit se nourrit de son hôte. Dans ce cas, il se nourrit de vos expériences passées traumatisantes, de vos peurs conditionnées, ainsi que des peurs et de la négativité des autres. Si rien ne l'en empêche, il s'appropriera toute votre énergie et tout votre pouvoir. Dans les cas les plus graves, il ira jusqu'à s'abreuver de la vie qui vous anime. C'est le cas des personnes qui mènent une vie malheureuse et insatisfaite depuis des années, craignant de poursuivre leurs rêves et ne sachant souvent même pas ce qu'elles veulent vraiment. Le parasite de leur esprit a pris le dessus et dirige leur vie. Ce qui aurait pu être un beau rêve est devenu un cauchemar.

Pourtant, il y a de bonnes nouvelles. Vous pouvez transformer votre parasite en *allié*. Cela implique un changement monumental de perception, mais vous pourrez alors prendre des décisions motivées non plus par la peur, mais par l'amour inconditionnel. C'est là, l'un des principaux piliers de la maîtrise de la vie : apprendre à guérir votre esprit avec amour et acceptation. Grâce à ce travail et à la quête de pouvoir décrite dans ce livre, vous pourrez faire de votre parasite votre meilleur ami, en lui apprenant à prospérer grâce à l'imagination créatrice et à la joie, au lieu de se nourrir de souffrance et de négativité.

Pour que cela se produise, vous devez comprendre les stratégies du parasite afin de pouvoir défier ses exigences et effectuer des choix différents, renforçant ainsi votre pouvoir personnel. Le simple fait de savoir que le parasite existe et se nourrit d'énergie négative et de peur peut vous offrir de nouvelles perspectives suffisantes pour commencer à combattre cette crainte et changer votre relation à la peur. En observant les méthodes de communication et de manipulation par lesquelles il vous contrôle, vous pourrez mieux le comprendre.

LE JUGE ET LA VICTIME

Les deux voix, ou manifestations, du parasite sont ce que la tradition toltèque appelle le juge et la victime.

La plupart d'entre nous connaissent bien la voix de leur juge intérieur. Ce maître du rejet de soi nous empoisonne de manière plus ou moins subtile. Par exemple, si vous commettez une simple erreur comme oublier que vous aviez rendez-vous avec un ami, votre juge intérieur peut vous pousser à vous sentir coupable. *Mais qu'est-ce que je suis bête ! Qu'est-ce qui ne tourne pas rond pas chez moi ? Comment est-ce que je peux être nul à ce point ?* La plupart d'entre nous n'y prêtent pas consciemment attention, mais il est important de comprendre qu'il s'agit là de la voix de notre juge intérieur.

Les jugements plus importants sont souvent les plus faciles à repérer, mais peuvent être les plus difficiles à dénouer, car ils ont profondément planté leurs racines dans notre cerveau émotionnel. Par exemple, si vous divorcez ou perdez une relation précieuse, si vous « échouez » dans votre carrière ou vos études, ou si vous avez pris d'importantes décisions dans votre jeunesse que vous regrettez maintenant, tout cela crée un terrain fertile pour votre juge intérieur. *Je ne guérirai jamais de cette blessure. Personne ne m'aimera jamais parce que je n'en suis pas digne. Je ne pourrai jamais gagner ma vie et subvenir à mes besoins. Mes rêves sont irréalisables maintenant. Je ne vaux rien.* Et ces autojugements peuvent vous empoisonner de l'intérieur.

Mais ce juge a besoin d'un public pour exister. Alors, bien que sa voix soit facile à identifier – d'autant plus que vous avez probablement déjà entendu parler des dangers de ce genre d'autojugement implacable –, vous ne connaissez peut-être pas son homologue, ce que les Toltèques appellent la voix de la victime. Là où votre juge intérieur est la voix qui se déchaîne à chaque occasion, la victime est la partie de vous qui écoute la voix du juge et croit que tout ce que celui-ci dit est la vérité absolue et inébranlable. Même lorsqu'elle reste silencieuse face au juge, la victime est la partie de vous qui ressent toutes les émotions que celui-ci crée : culpabilité, honte, dévalorisation et, bien sûr, peur.

Cela ne nie aucunement les situations dans lesquelles vous avez possiblement réellement été la victime. Mais ici, l'objectif est de ne plus laisser la peur du passé vous contrôler ; de pouvoir regarder en arrière sans être submergé d'émotions négatives qui viennent obscurcir votre présent. Cela signifie que vous devez reconnaître à la fois le juge *et* la victime de votre mitote intérieur. Cela peut être difficile à accomplir, mais votre liberté personnelle vous attend au-delà de la peur.

Parfois, c'est la voix de la victime que vous entendez dans votre esprit, sans reconnaître la présence du juge avec elle. Par exemple, votre victime intérieure peut évoquer des sentiments douloureux du passé, ce qui vous fait ressentir de la frustration et du désespoir. *C'est toujours à moi que ça arrive. Je ne m'en remettrai jamais.* Dans ce cas, bien que vous ne le remarquiez peut-être pas, le juge est également présent, condamnant vos actions ou inactions d'alors et d'aujourd'hui. C'est ainsi que la victime contrôle vos sentiments et votre comportement dans le présent : en se nourrissant de l'énergie négative du passé.

Une autre chose à noter à propos du juge intérieur et de la victime est que la dette n'est jamais payée. Dans le monde extérieur, dans les systèmes juridiques de presque chaque pays, une fois qu'un cas judiciaire est tranché (ou finalisé par la plus haute juridiction du pays), l'affaire est close. Viennent ensuite les conséquences ou punitions, mais on ne revient pas sur le jugement passé. Mais dans le tribunal présidé par notre juge intérieur, il n'y a pas de verdict final. Même les plus petites affaires peuvent être remises en cause, pour toujours et à jamais, aussi notre victime continue-t-elle de souffrir de ces jugements, encore et encore.

Par exemple, si je vous demandais maintenant de vous souvenir d'un moment embarrassant, d'une erreur commise ou de quelqu'un à qui vous teniez et que vous avez blessé, le pourriez-vous ? Bien sûr ! Et comment ! Nul doute qu'après avoir repensé aux circonstances de l'événement (même s'il s'est produit il y a des années ou des décennies), vous entendriez clairement la voix du juge en vous, haute et claire. Vous *ressentiriez* même probablement à nouveau la réalité émotionnelle de l'événement : mains moites, cœur qui s'accélère, douleur au ventre. C'est ainsi que le juge et la victime travaillent ensemble et ont une énorme influence sur votre corps physique et votre état mental.

TRIPLE JEU

Et qu'est-ce que le parasite, à travers les voix du juge et de la victime, crée en vous lorsqu'il exprime ses opinions?

De la peur, bien sûr. Mais il ne fait pas que s'en repaître… il en crée également.

Et c'est là que réside l'aspect le plus néfaste de ces voix. Car plus vous accordez d'attention aux voix du mitote, plus celles-ci finissent par vous convaincre, au point de façonner votre identité même. Au fil du temps, vous en arrivez à confondre ces idées et croyances avec vos vérités personnelles, et à les considérer comme faisant partie de qui vous êtes. Cela se produit à la fois au niveau conscient et inconscient. Lorsque cela arrive, vous aurez tendance à vous considérer comme « un échec, un bon à rien », ou quelqu'un qui « aura toujours peur » à cause de quelque chose qui vous est arrivé dans le passé. Et plutôt que de reconnaître ces jugements pour ce qu'ils sont en réalité – de fausses croyances –, vous les acceptez maintenant comme des faits.

Le guerrier toltèque s'efforce de se rappeler qu'aucune de ces déclarations n'est vraie. Ce ne sont que de faux accords que vous avez adoptés pour couvrir la lumière unique, l'énergie nagual, qui est au cœur véritable et authentique de qui vous êtes vraiment. La peur est réelle parce que nous la ressentons, mais son déclencheur, lui, peut ne pas l'être.

Ne vous culpabilisez pas à ce sujet, ce serait encore là l'œuvre du juge et de la victime! Ces déviances intérieures sont naturelles et, franchement, presque inévitables dans le Rêve Planétaire actuel. Alors, rappelez-vous la bonne nouvelle : une fois que vous commencez à reconnaître les voix du mitote – le juge et la victime –, vous obtenez là un puissant outil de maîtrise de votre esprit. Vous pouvez observer votre propre mer de l'Enfer, le chaos des voix tourbillonnantes et des jugements qui vous suivent partout, inspirer, puis expirer et vous souvenir, ou même vous dire à voix haute : « C'est un mensonge. »

Avant de quitter la place de Quetzalcóatl, cependant, vous devrez faire un pas de plus pour prendre conscience de la réalité de votre situation actuelle. Le mitote est un cauchemar vivant, et nous avons tous besoin d'une sécurité temporaire et d'un endroit pour nous reposer loin de sa densité. Et c'est exactement ce que nous explorerons dans le prochain chapitre lorsque nous rejoindrons l'île de la Sécurité, même si elle aussi n'est finalement qu'une illusion.

* * *

Exercice : identifier votre mitote

Dans cet exercice, je vous invite à établir dans votre journal une liste de toutes les manières dont vous ressentez les voix de votre mitote. Considérez cela comme une exploration scientifique, une enquête ou une sorte de cartographie délimitant un nouveau territoire. Plutôt que de plonger profondément dans des souvenirs qui peuvent être associés aux voix de votre parasite, juge ou victime, dressez simplement une liste dont vous approfondirez l'étude plus tard, car nous y reviendrons plus loin dans votre voyage.

Il existe bien des façons de s'y prendre, mais voici quelques questions pour vous aider à démarrer :

- De quelles manières est-ce que je ressens les effets d'un discours intérieur négatif à propos de mon apparence physique ? Exemples : *je pense que mon nez est trop gros ; que je suis trop petit ; que je suis en surpoids.*
- De quelles manières est-ce que je ressens les effets d'un discours intérieur négatif à propose de mes relations présentes ou passées (ou leur absence) ? Cela inclut la famille, les amis et les relations intimes.
- De quelles manières est-ce que je ressens les effets d'un discours intérieur négatif à propos de ma carrière ou de mes finances ?
- De quelles manières est-ce que je ressens les effets d'un discours intérieur négatif à propos de mon environnement de vie ?

Ensuite, demandez-vous quelles sont les expériences traumatisantes ou négatives les plus importantes que vous ayez vécues dans votre vie.

Par exemple :

- *J'ai perdu quelqu'un dont j'étais très proche.*
- *J'ai été victime de violence physique/mentale/émotionnelle/ sexuelle.*
- *Je me suis comporté d'une manière que je regrette et qui a blessé quelqu'un.*

Vous n'avez pas besoin de lister chaque événement, seulement ceux qui vous viennent immédiatement à l'esprit. Ce sont ceux qui sont souvent décrits comme des événements « déterminants » de notre vie.

J'ai bien conscience que rédiger une telle liste peut susciter des émotions déplaisantes, même lorsque vous les abordez avec curiosité. Souvenez-vous de la méditation d'acceptation de soi du chapitre précédent. Chaque instant, chaque événement de votre vie vous a amené à ce moment précis. En examinant cette liste, rappelez-vous que l'un des objectifs de la maîtrise de la vie est de pouvoir revisiter de tels souvenirs dans votre esprit sans ressentir d'émotions négatives. Lorsque cela se produit, vous vous libérez de la charge de ces événements, alors, naturellement, c'est un processus qui prend du temps.

En parcourant votre liste, voyez comment ces autocritiques (qui sont presque toujours basées sur des conditionnements et domestications avec lesquels vous êtes tombé d'accord), combinées à des expériences traumatisantes et négatives, ont été utilisées pour créer des parties de votre identité.

Considérez comment elles contribuent à l'idée que vous vous faites aujourd'hui de votre propre personne.

Cette identité est-elle vraie ? Est-ce vraiment qui vous êtes ? Ou êtes-vous bien plus que tout ce qui figure sur cette liste ? Souhaitez-vous vous défaire des définitions dépassées de cette liste afin de vous redécouvrir d'une nouvelle manière ? Voilà les questions à considérer au fur et à mesure que vous avancerez dans votre voyage.

Et enfin, si votre parasite intérieur se met à parler fort lorsque vous examinez cette liste, pensez à pratiquer à nouveau la méditation d'acceptation de soi du chapitre précédent.

CHAPITRE 3
L'ÎLE
DE LA SÉCURITÉ

Une de mes amies a passé sa première année universitaire à l'étranger dans un pays dont elle parlait à peine la langue. Après environ trois mois d'immersion dans l'histoire, l'art et la langue de ce pays, elle tomba amoureuse d'un garçon du coin. Plus tard, lorsqu'elle me décrivit cette relation, elle me dit qu'elle avait eu l'impression, pour la première fois de sa vie, que c'était la « vraie version d'elle-même » qui était tombée amoureuse. Et elle sentit que ce jeune homme était lui aussi tombé amoureux d'elle en tant que personne libérée des masques qu'elle portait habituellement.

Mon amie était très intelligente et avait toujours été brillante dans ses études, aussi pouvait-elle aborder presque n'importe quel sujet de conversation. À ce stade de sa vie, sa vision d'elle-même en tant que personne intelligente, forte et capable de dominer n'importe quelle discussion faisait partie de son identité. C'est ce qu'elle pensait être. Mais en apprenant à parler une nouvelle langue, elle ne pouvait plus s'appuyer sur un vocabulaire et des structures grammaticales complexes.

Elle avait donc du mal à communiquer subtilité, humour ou sarcasme. Elle ne pouvait plus dissimuler ses sentiments ou révéler ses désirs à demi-mot. Sans s'y attendre, elle devint alors plus franche, plus simple et plus libre. Elle communiquait désormais avec une ouverture et une aisance, avec son corps et son visage, totalement différentes de la façon dont elle communiquait dans sa langue maternelle. Si bien que lorsque sa propre mère vint lui rendre visite, elle fut surprise du changement de sa fille. Lorsqu'elle parlait cette seconde langue, mon amie était une personne différente. Et même après que sa relation eut pris fin, elle conserva toujours une compréhension élargie de sa propre identité, qui était bien plus vaste qu'elle ne l'avait envisagé.

Cette expérience chanceuse et inattendue la conduisit à la découverte de quelques leçons importantes. Tout d'abord, elle comprit que la personne que nous sommes diffère en fonction du contexte. Notre façon de penser, nos croyances, notre manière de nous exprimer et tout ce qui forme notre identité dépendent de notre perspective et de nos interactions avec les autres. Notre famille, notre éducation et tous les contextes culturels dans lesquels nous nous trouvons influencent notre comportement.

Mais il existe une autre vérité plus profonde cachée dans l'histoire de mon amie.

LE POUVOIR DE L'ILLUSION

Dans le chapitre précédent, nous avons vu comment l'idée que nous nous faisons de nous-mêmes se forme en partie à travers des peurs et des conditionnements (domestications), tels qu'exprimés par notre mitote intérieur dans notre unique mer de l'Enfer. Dans l'exemple ci-dessus, cependant, nous pouvons voir comment nos identités sont également formées à partir des activités et domaines dans lesquels nous excellons. Dans le cas de mon amie, son sens de l'identité, avant son expérience à l'étranger, était fortement ancré dans l'idée d'être intelligente, confiante et bien éduquée.

Mais l'une des plus grandes tâches auxquelles vous invite le chemin de la maîtrise de la vie est celle d'examiner *toutes* les façons dont vous créez votre identité. Car les aspects positifs et négatifs de ces identités sont, en réalité, les deux faces d'une même pièce. Ainsi, l'on comprend que chercher du réconfort dans une identité basée sur des traits que nous considérons comme positifs ou « bons » est un piège, car nous ne faisons que rechercher la sécurité dans une illusion.

L'illusion, au sens toltèque du terme, peut être une idée nouvelle pour vous. La tradition toltèque enseigne que même si votre identité personnelle – ce que nous appelons le « petit moi » – semble très solide, en vérité elle n'est qu'une histoire que vous créez et vous racontez à vous-même. Elle n'est donc pas réelle. Tout comme les croyances que vous adoptez et les accords que vous passez, l'idée de *qui vous êtes* n'existe pas à l'extérieur de vous, dans le monde. Elle n'existe que dans votre esprit. Et confondre cette idée avec qui vous êtes réellement n'est pas le chemin vers la liberté personnelle, mais celui d'une souffrance continue. Comme vous le verrez alors que nous avançons ensemble dans ce voyage, le plus gros des peurs psychologiques que vous ressentez peut être attribué à cette fausse identité ou à l'idée que vous vous êtes faite de vous-même. C'est pourquoi relâcher votre emprise sur cette identité est la clé pour ne plus laisser la peur vous contrôler.

De nombreuses traditions spirituelles sont basées sur des enseignements similaires. Dans le bouddhisme, l'un des concepts les plus fondamentaux est celui d'impersonnalité : *anatta*, souvent exposé selon la formule « chaque chose est sans soi ». Les Upanishad hindous enseignent que ce que nous appelons communément l'ego est une illusion de l'esprit. Les traditions plus mystiques des religions abrahamiques (christianisme, judaïsme et islam) épousent des idées similaires. Prises ensemble, elles indiquent toutes que l'idée de soi-même, ce que nous appelons souvent l'ego, n'est pas réelle. Et que croire en cette illusion ne mène qu'à la souffrance, pas à la libération.

Ce concept peut être difficile à appréhender, aussi nous reviendrons sur son importance tout au long de ce livre.

HISTOIRES FICTIVES

Durant notre voyage à travers Teotihuacan, la place de Quetzalcóatl représente symboliquement le lieu où vous créez votre identité, l'histoire de qui vous pensez être. Comme nous l'avons vu dans le chapitre précédent, cette grande cour ouverte devant la pyramide de Quetzalcóatl abrite la mer de l'Enfer agitée qu'est le mitote – la cacophonie des voix dans votre esprit cherchant constamment votre attention, comprenant le parasite, le juge et la victime. Mais au centre de cette place (entre son entrée et la pyramide elle-même) se trouve une petite plate-forme surélevée que les Toltèques appellent l'île de la Sécurité. Cette plate-forme est la représentation physique du lieu où vous cherchez refuge contre les voix de votre métaphorique mer de l'Enfer, et commencez à développer des mécanismes de défense en réponse à ce qui se passe autour de vous.

L'île de la Sécurité est l'endroit où, au cours de votre vie, vous décidez, parmi toutes les voix du mitote, de celles que vous écouterez et celles vous ignorerez. C'est là que vous concluez des accords basés sur les croyances, les règles et les domestications qui vous sont enseignées. Et c'est aussi le lieu où vous intégrez tous les aspects positifs de vous-même dans votre identité : les traits de personnalité que vous aimez chez vous, les activités et les compétences dans lesquelles vous excellez, les réalisations que vous avez accomplies, etc. Tous ces aspects se réunissent sur l'île de la Sécurité pour définir l'idée que vous vous faites de vous-même.

Comparée à la mer de l'Enfer, cette île offre un répit au mitote et, par conséquent, un sentiment de liberté et de sécurité. Mais la tradition toltèque enseigne que ce sentiment de sécurité est lui aussi une illusion. Il n'y a pas de véritable liberté dans l'identité. Nous sommes beaucoup, par exemple, à associer notre identité à notre profession, à nos biens matériels, à notre intelligence, à notre « beauté », à nos affiliations sociales ou politiques, ou même à notre spiritualité. Dans la plupart des cas, nous nous associons le plus fortement à quelques traits dominants, puis sélectionnons les aspects positifs de nous-mêmes qui nous semblent particulièrement importants : *je suis un bon père. Je suis un professionnel à succès. Je suis un citoyen serviable.*

La plupart d'entre nous ont appris à renforcer leur estime et respect de soi en construisant ces « traits positifs » *via* de fausses histoires qui finissent par faire partie de leur identité. En réalité, une grande partie du mouvement de développement personnel moderne encourage exactement ce processus. Et bien que, dans l'ensemble, cela puisse être bien meilleur que l'alternative d'une faible estime ou d'une haine de soi, l'art de la maîtrise de la vie exige que vous regardiez en vous plus profondément.

Le but de votre cheminement vers la maîtrise est de voir où vous vous êtes *surinvesti* dans ces bonnes qualités ou accomplissements au point qu'ils font désormais partie de votre identité. Lorsque vous commencez à croire à ces fausses histoires, vous créez un futur piège en rendant votre acceptation de soi conditionnelle. Vous commencez ainsi à penser que vous ne serez digne que si vous continuez à réussir dans ces aspects positifs à l'avenir. Cela n'est pas la voie de la liberté.

Attention, la voie toltèque ne vous demande pas de renoncer à vos meilleures qualités ni d'arrêter de faire ce qui vous rend heureux. Mais elle vous demande de vous libérer du *sentiment* d'identité que vous avez investi dans ces fausses histoires. Savoir faire la différence peut être subtil. Souvenez-vous donc que votre véritable valeur, en tant qu'expression unique de l'énergie nagual, ne peut être ni construite ni détruite. Le nagual est parfait tel qu'il est, ce qui signifie que *vous êtes parfait tel que vous êtes*.

Alors, comment savoir si vous vous êtes surinvesti dans un trait de caractère ou une activité positive ? Un indicateur simple est d'observer en toute honnêteté si cela vous fait vous sentir supérieur aux autres. Par exemple, avez-vous déjà été dans une situation où vous pensiez que vos capacités intellectuelles, ou votre carrière, ou vos biens matériels, ou votre statut relationnel vous rendaient d'une manière ou d'une autre « meilleur » ou « plus important » qu'un autre ? Dans ce cas, c'est que vous vous êtes trop identifié à cette qualité ou cet accomplissement au point qu'ils sont devenus une fiction qui a ensuite obscurci votre perception.

Cela s'observe facilement dans le cadre de nos emplois et de notre vie professionnelle. La société enseigne – et beaucoup d'entre nous sont domestiqués à cette idée – que les emplois que nous occupons peuvent rendre une personne plus importante qu'une autre. Par exemple, le président d'un pays peut être perçu comme « plus important » que l'agent d'entretien qui nettoie son bureau. De toute évidence, les tâches liées à la présidence affectent probablement plus de personnes et nécessitent peut-être des heures de travail plus longues. Mais cela ne rend pas l'individu « plus important ». Comprendre cette différence est essentiel, car une partie de la maîtrise de la vie consiste à reconnaître que tout le monde sur cette planète a la même valeur ; nous faisons tous partie du nagual. Penser que vous êtes meilleur qu'un autre est tout aussi faux et nocif que lorsque le parasite de votre esprit vous dit que vous êtes pire que les autres.

De plus, lorsque vous vous croyez meilleur ou pire que les autres en fonction de critères extérieurs, vous tombez dans le piège de la comparaison et de la concurrence. C'est un cycle sans fin, un jeu qui ne peut être gagné, car le succès ou l'échec attaché à cet accomplissement ou à cette récompense extérieure devient alors la condition de votre propre acceptation de soi.

Chaque fois que vous formez votre identité sur la base de ces « bonnes » qualités, vous vous comparez inévitablement aux autres et entrez en compétition, car la notion même d'être « bon » dans quelque chose implique que d'autres ne le sont pas. Et parce que le Rêve Planétaire est fondé sur des polarités en constante évolution, rien n'y dure éternellement et vous êtes inévitablement voué à perdre ces caractéristiques et accomplissements auxquels vous vous êtes identifié.

Je connais un homme très sage d'environ 80 ans vivant dans une résidence pour séniors qu'il appelle en plaisantant « la salle d'attente de Dieu ». Cet établissement est situé dans un riche quartier de la ville, et il m'expliqua un jour que beaucoup de ses concitoyens aimaient souligner cette richesse et parler de l'importance qu'elle avait autrefois. En d'autres termes, ils sont occupés à raconter des histoires sur les emplois, carrières et autres accomplissements de leur vie. Il voyait combien leurs identités étaient complètement fondées sur le passé.

Il a ensuite évoqué une résidente qui, selon lui, ne parle jamais de son passé de cette manière, trop occupée qu'elle est à peindre, à s'occuper de ses plantes, à se promener dans la nature, à rendre visite à ses proches et à faire d'autres choses qui la font se sentir vivante dans le moment présent. Contrairement à beaucoup d'autres, dit-il, il semble toujours y avoir une étincelle de joie dans ses yeux. Et même si cette femme est son aînée de quelques années, elle lui apprend à rester jeune.

SÉCURITÉ FACTICE

Il existe bien d'autres moyens par lesquels nous essayons de nous réfugier dans cette illusion de sécurité, et la maîtrise de la vie vous demande de regarder plus profondément en vous afin d'identifier lorsque vous en êtes la proie. Par exemple, beaucoup d'entre nous ont une peur profonde de perdre de façon inattendue quelqu'un ou quelque chose qu'ils aiment. En réponse à cette peur, nous pouvons suivre toutes sortes de stratégies sous-entendues pour tenter de contrôler les personnes et les situations et ainsi éviter que cela ne se produise. Nous pouvons inventer toutes sortes de scénarios « si/alors » : *si j'évite de prendre des risques au travail, je ne perdrai pas mon emploi et je ne décevrai pas ma famille. Si je conserve ma taille de jeune fille, alors mon partenaire ne me quittera pas.*

Certains se retournent même contre Dieu avec colère lorsqu'on leur retire quelque chose de façon inattendue. Ils peuvent avoir l'impression qu'un accord dont ils dépendaient a été rompu. *J'ai tout fait correctement, et mon bien-aimé est décédé ou ma relation s'est effondrée.* La perte peut ressembler à une trahison cruelle et personnelle plutôt qu'à la danse naturelle du flux et du reflux naturels de la vie. La colère et le ressentiment face au chagrin sont des émotions humaines compréhensibles. Mais si, derrière, se trouve la croyance erronée que si vous êtes « sage », « bon » et suivez les règles, rien de « mauvais » ne se produira, alors tout sentiment de sécurité que vous obtenez de cette manière est une illusion, pure et simple. Cela est bien plus courant que vous ne le pensez, même pour ceux qui effectuent un travail sur eux depuis de nombreuses années.

En réalité, bien que vous puissiez et deviez prendre les mesures nécessaires pour protéger votre corps et vos proches (comme boucler votre ceinture de sécurité et faire des dépistages réguliers du cancer), la réalité est que vous ne pouvez pas prédire les changements, y compris les pertes, que la vie vous apportera.

De la même manière, nous essayons de créer de la sécurité et d'éviter les pertes en essayant de prédire et de contrôler les événements futurs – ou les autres. Combien d'entre nous passent du temps (parfois beaucoup) à imaginer des scénarios compliqués quant à l'avenir dans le but de prédire ce qu'il adviendra et de chercher à prendre le dessus sur la situation ? Cela est particulièrement courant dans les domaines des finances, des relations et de la santé physique. *Si j'ai assez d'argent, rien ne peut m'atteindre. Si je donne à mon partenaire tout ce qu'il veut, ma relation durera. Si je fais de l'exercice et que je mange bien, je ne tomberai pas malade.*

Encore une fois, même s'il est bon de planifier pour l'avenir dans tous ces domaines, il serait utile d'apprendre à reconnaître quand vous êtes allé trop loin et que vous essayez de contrôler les résultats. Les guerriers toltèques savent que toutes les tentatives de contrôle sont illusoires et qu'en fin de compte, elles ont toutes pour origine la peur – la peur de l'effondrement des histoires que nous avons créées.

La bonne nouvelle est que vous pouvez apprendre à reconnaître cette peur psychologique et à la considérer comme une information utile. Vous pourrez alors utiliser votre peur comme un outil permettant d'indiquer là où vous avez une propension à passer d'une planification raisonnable à une tentative de contrôle de votre monde et de ses résultats. Avec la pratique, vous apprendrez à abandonner l'idée qu'il faut vous cacher derrière des remparts pour vous protéger, car vous reconnaîtrez désormais la différence entre planifier et tenter d'exercer un contrôle.

ABANDON CONFIANT

Une fois que vous avez reconnu que les fausses histoires et le sentiment factice de sécurité que vous créez sur l'île de la Sécurité ne sont que des illusions, vous êtes prêt à quitter l'île à la recherche d'une plus grande liberté personnelle. Si vous prenez cette décision, c'est que vous êtes prêt à remettre en question toutes les croyances que vous avez adoptées sur vous-même et sur le monde. À interroger l'idée que votre identité est fixe et réelle, et qu'elle définit votre valeur. Vous êtes prêt à abandonner le besoin de contrôle et à vous abandonner à la vie avec confiance.

À Teo, vous symbolisez cette décision en quittant physiquement l'île de la Sécurité pour grimper jusqu'au sommet de la pyramide de Quetzalcóatl. En faisant cela, vous affirmez votre ouverture, votre volonté d'avancer et de progresser sur la voie du guerrier toltèque – la voie vers la réalisation de soi et la paix fondée sur l'amour inconditionnel et la libération de la peur. En quittant l'île, en traversant la mer de l'Enfer et en escaladant la pyramide, vous effectuez le premier saut de la foi de votre voyage.

Très souvent et surtout dans notre culture actuelle, nous considérons l'abandon comme quelque chose de négatif. Nous le considérons comme une capitulation, un échec ou une perte. Mais ici, il s'agit d'abandonner l'idée erronée que vous pouvez contrôler les êtres, les lieux et les situations. D'abandonner toutes les vieilles croyances qui sont des manifestations de contrôle.

Par exemple, pouvez-vous commencer à vous libérer de l'idée que votre apparence, votre intelligence ou votre gentillesse sont ce qui vous donne de la valeur en tant que personne ? Comment vous sentiriez-vous si vous vous défaisiez de ce qui, selon vous, vous protège ? À chaque abandon d'un ancien accord, vous ne perdez rien : vous y gagnez ! Vous gagnez de l'espace et vous vous ouvrez au potentiel d'embrasser le cours naturel de la vie à chaque instant.

Toute maîtrise demande de la pratique. Grâce à la pratique, vous apprenez à reconnaître vos fausses histoires – quand, où et pourquoi vous les formez – et à les abandonner pour vous en libérer. En traitant les aspects mentaux, émotionnels, physiques et spirituels sous-jacents de votre « moi » (positifs et négatifs), vous apprenez à aborder la vie d'une manière nouvelle. Vous apprenez à abandonner votre sentiment de sécurité factice et votre peur psychologique, et à vivre une vie basée sur l'amour inconditionnel. C'est ce que nous ferons ensemble au cours des cinq prochaines étapes de notre voyage.

* * *

Exercice : liste d'identités

Comme dans l'exercice précédent, vous êtes invité à rédiger une nouvelle liste. Le but est ici d'en savoir plus sur vous-même et sur la façon dont vous avez créé « votre » identité. En écrivant avec détachement et compassion, énumérez tous les aspects positifs de votre identité et tous les accomplissements que vous utilisez pour établir votre estime de vous-même.

Voici quelques exemples :

- *Je suis généreux et j'aime aider les gens.*
- *Je suis une personne très créative qui sort des sentiers battus.*
- *J'ai plusieurs diplômes supérieurs.*
- *J'ai travaillé dur et fait des sacrifices pour devenir la personne couronnée de succès que je suis aujourd'hui.*
- *Je suis un bon parent ; mes enfants sont heureux et ils ont de bonnes notes.*
- *Je suis profondément spirituel.*
- *Je suis une personne physiquement attirante.*

Lorsque vous avez terminé votre liste, prenez le temps de réfléchir à ce que vous ressentiriez si l'une ou l'autre de ces caractéristiques vous était ôtée. Dans quelle mesure vous y êtes-vous fermement identifié ? Prenez le temps de constater si vous avez trop fondé votre estime de vous-même sur ces différents aspects. En avez-vous besoin pour vous sentir spécial ou complet ? N'oubliez pas : vous êtes déjà parfait, exactement tel que vous êtes, avec ou sans eux.

*

*   *

Exercice : lâcher prise

S'ouvrir et s'abandonner est difficile. C'est pourquoi certaines pratiques sont recommandées afin de nous aider à ouvrir notre cœur. C'est ici que le pouvoir du rituel entre en jeu. Celui-ci utilise le pouvoir de votre concentration et de vos émotions afin d'indiquer à votre corps et à votre esprit que vous êtes en train d'effectuer une transformation holistique. De plus, c'est une pratique simple, mais incroyablement puissante.

Pour le rituel suivant, vous aurez besoin d'une petite pierre ordinaire. Ne passez pas trop de temps à chercher la pierre « parfaite », un simple caillou de votre jardin fera l'affaire. Toute pierre qui tient confortablement dans la paume de votre main sera suffisante.

Une fois votre pierre sélectionnée, contemplez tout ce que vous avez répertorié dans votre journal, c'est-à-dire toutes les manières dont vous avez construit votre identité. Tenez fermement la pierre dans votre main et imaginez que tout ce que vous avez inscrit dans vos listes, à la fois positives et négatives, est absorbé dans la pierre. Laissez toutes les émotions que vous pourriez ressentir vous traverser et entrer dans la pierre.

Imaginez que tous ces sentiments, histoires, messages et expériences se déversent dans la pierre, la remplissant des multiples facettes des accords que vous avez conclus.

Ne précipitez pas ce processus ; permettez-lui de continuer jusqu'à ce que vous sentiez intuitivement que la pierre incarne pleinement ces accords et que vous êtes prêt à les laisser partir.

Lorsque vous êtes prêt, et toujours avec votre pierre, allez en extérieur. Cela peut être n'importe où, en plein air comme votre jardin ou la parcelle d'herbe la plus proche. Si vous le souhaitez, vous pouvez vous rendre dans un endroit spécial ou sacré dans la nature où vous aimez passer du temps. Passez quelques minutes à respirer profondément et à vous sentir centré, les pieds fermement ancrés au sol. À voix haute ou silencieusement, dites-vous : « Je suis prêt à m'ouvrir et à m'abandonner à la vie avec confiance. » Déposez ensuite la pierre sur le sol et éloignez-vous d'elle. Ne regardez pas en arrière. Sachez dans votre cœur que vous avez franchi une étape importante sur votre chemin vers la liberté personnelle. Ce rituel est un équivalent symbolique de l'ascension de la pyramide de Quetzalcóatl.

CHAPITRE 4

LA PLACE DU MENTAL

Une amie qui voulait rester en forme durant la pandémie de Covid-19 a décidé de faire du sport chez elle et s'est blessée à la hanche. Comme cela n'a pas beaucoup affecté sa vie quotidienne, elle l'a donc ignoré, pensant que cela se résoudrait tout seul. Une semaine plus tard, elle souffrait toujours. La douleur à la hanche était imprévisible et débilitante, se manifestant à des moments inattendus sans aucun rapport apparent avec ses activités. Elle partait en promenade, se sentait bien, puis devait finalement appeler un ami pour qu'il vienne la chercher à mi-chemin.

Suivre des séances de kinésithérapie fut pour elle une expérience humiliante au début. Elle y apprit que sa hanche était tellement compromise qu'elle ne pouvait plus réaliser les actions quotidiennes les plus élémentaires de manière saine : marcher, s'asseoir ou se tenir debout. Ses muscles s'étaient atrophiés à certains endroits et surmenés à d'autres pour compenser la blessure, aggravant les choses. Elle apprit que les hanches sont au cœur de tout mouvement du corps entier. Désespérée de ne pas pouvoir revenir à ses longs footings et à ses entraînements réguliers, elle dut commencer par réduire ses activités au simple minimum. Elle a dû réapprendre à se tenir en équilibre sur une jambe ; découvrir comment renforcer ses muscles abdominaux juste pour pouvoir s'asseoir sur une chaise. Pour commencer à guérir, elle a dû isoler chacun de ses mouvements et trouver des moyens de les réaliser sans se blesser.

Son exemple soulève une bonne question : comment guérir ce qui est cassé quand nous n'avons pas d'autre choix que de continuer à l'utiliser ? Et ce qui est vrai pour le corps l'est aussi pour l'esprit. Nous n'avons pas d'autre esprit que le nôtre, équipé de nos propres jugements, de nos domestications et de nos traumatismes. L'esprit est la source de notre perception. C'est là que les voix du mitote captent notre attention. C'est là que nous formons nos identités. Nous nous sommes adaptés à tout, en boitant, en masquant les dysfonctionnements du mental et en le gardant en état de fonctionnement. Mais si nous voulons retrouver la vraie liberté – si nous espérons courir à nouveau –, nous devrons apprendre à utiliser notre esprit d'une nouvelle manière. Ce n'est donc pas un hasard si la prochaine étape de notre voyage est la place du Mental.

Dans la tradition toltèque, la place du Mental est également appelée place de la Tentation. Nous pensons souvent que la tentation provient de l'extérieur : cette délicieuse pâtisserie sur le comptoir ou les grosses lettres capitales du prix de vente d'un article dont nous n'avons pas vraiment besoin. Mais alors que des forces extérieures comme celles-ci peuvent déclencher des sentiments en nous, la tentation réelle existe déjà dans notre esprit. Si ce n'était pas le cas, ces facteurs extérieurs ne nous affecteraient pas. C'est pourquoi, pour changer nos comportements, nous devons d'abord regarder notre monde intérieur.

Les anciens Toltèques étaient très intéressés par le pouvoir de la perception, et ont donc étudié l'esprit humain. Ils remarquèrent que notre mental raconte constamment des histoires, ou ce qu'ils appelaient des *rêves*. Lorsqu'une personne que vous n'avez jamais rencontrée entre dans une pièce, votre esprit forme immédiatement toutes sortes de jugements et d'histoires à son propos. Cette personne est attirante/peu attirante. Elle semble gentille/méchante. Elle semble passer une bonne/mauvaise journée. Bien sûr, les histoires que votre esprit racontera dépendent de vos propres expériences passées et de vos domestications. Et, bien sûr, elles dépendent de la relation entre l'événement et l'histoire que vous avez créée à propos de vous-même – votre identité. Certaines de ces histoires peuvent être assez bénignes. Mais d'autres, comme nous le verrons plus loin dans ce chapitre, peuvent être nocives. Et pourtant, vous ne pouvez pas simplement sortir de votre mental pour avoir une image plus claire de la réalité. Votre esprit est le seul outil de perception dont vous disposez, et vous ne pouvez pas vous engager dans le monde qui vous entoure sans lui.

Ainsi, lorsque vous commencez un voyage vers la liberté personnelle, votre première leçon est de reconnaître que vos jugements et vos histoires sur la réalité ne sont pas toujours vrais, et que vous les créez à travers le filtre de votre esprit. Lorsque vous reconnaissez une histoire comme n'étant que cela, « une histoire », elle commence alors à perdre son pouvoir sur vous. Cela est primordial, car presque toutes vos peurs psychologiques sont basées sur ces histoires. Dans la tradition toltèque, nous appelons ce processus de guérison *la maîtrise de la conscience*.

MAÎTRISE DE LA CONSCIENCE

Avez-vous déjà emprunté une route familière en rentrant du travail, et êtes arrivé après trente minutes ou plus de conduite en vous disant que vous n'avez presque aucun souvenir du voyage ? Vous vous souvenez peut-être de ce à quoi vous pensiez : une histoire tirée d'un livre audio ou une conversation que vous avez eue au téléphone. Mais vous n'avez aucun souvenir de la circulation ou des changements météorologiques. Bien sûr, vous êtes rentré chez vous en toute sécurité, vous savez donc que vous aviez un certain niveau de conscience qui vous a permis de conduire et de réagir aux conditions de circulation changeantes. Mais comment est-ce possible ?

Nos corps ont plusieurs niveaux de conscience, y compris de nombreuses fonctions qui ne nécessitent pas du tout l'implication de notre mental. En réalité, une grande partie du travail du corps se fait sans indication consciente (digestion, circulation sanguine, régénération cellulaire, entre autres choses). Si nous pouvions ressentir tous les échanges chimiques qui se produisent dans nos cellules, ou toutes les opérations de notre système circulatoire, ou chaque aspect de la digestion, notre mental disjoncterait. Ces sensations seraient si nombreuses que nous ne serions plus capables de faire autre chose en plus. En guise de défense, nous avons donc développé la capacité d'utiliser différents niveaux de conscience pour différentes tâches.

Lorsque vous comprenez qu'à chaque instant des milliers d'autres tâches inconscientes sont exécutées dans tout votre corps, vous pouvez mieux comprendre comment la même chose peut être vraie pour le fonctionnement interne de votre esprit. Tout comme les cellules de votre corps effectuent leur travail à votre insu, des actions se déroulent dans votre subconscient sans que vous en ayez conscience. Et ces mécanismes internes peuvent être tout aussi puissants et importants que les mécanismes permettant à votre corps de pomper le sang ou vous guérir d'une maladie. En d'autres termes, ce serait une erreur de penser que, simplement parce que vous n'êtes pas conscient de quelque chose, cela n'est pas en train de se produire à l'intérieur de vous.

Votre principal objectif sur la place du Mental est de prendre conscience de toutes les idées, croyances et histoires échappant à votre mental (esprit conscient), car ce sont ces mécanismes internes subconscients qui vous motivent et influencent les histoires que vous vous racontez ainsi que les choix qui en résultent. Vous en ressassez certaines depuis peut-être si longtemps que vous en avez même oublié qu'elles ne sont que des histoires, et vous en venez à les confondre avec des faits. Pour vous en libérer, vous devrez maîtriser votre conscience.

Qu'est-ce que j'entends exactement par la maîtrise de la conscience, et à quoi cela ressemble-t-il ?

En maîtrisant la conscience, vous cherchez à faire deux choses : étendre vos capacités de perception, puis utiliser cette perspective plus vaste pour comprendre votre esprit de manière différente. Pour cela, il faudra identifier et pratiquer ces quatre niveaux de conscience :

Sensations physiques. À ce premier niveau de conscience, vous remarquez le flux d'informations provenant de l'extérieur qui vous pénètre par le biais des sens : la vue, l'ouïe, l'odorat, le goût et le toucher. Quelles sensations ressentez-vous dans vos muscles et vos os ? Respirez paisiblement tout en observant toutes les sensations dans votre corps. Remarquez le mouvement de votre poitrine ou de votre ventre, l'air entrant et sortant de votre nez et de votre bouche, toute odeur ou tout goût dans l'air. Essayez de prendre quelques instants supplémentaires pour percevoir la texture des objets que vous touchez. Sont-ils rugueux ou lisses ? Le matériau est-il dur ou doux ? Reconnectez-vous pleinement à votre corps et à ses sensations, et ressentez toutes les douleurs que vous avez ignorées. N'essayez pas de les réparer ; soyez simplement conscient de leur présence.

Pensées et émotions. À ce niveau de conscience, vous commencez à identifier le flux d'informations à travers le rêve personnel de votre esprit. Toutes les informations brutes qui circulent par vos sens sont traitées en fonction de ce rêve. Très souvent, cependant, vous oubliez ce fait. Vous devenez insensible à ces pensées et émotions, ou n'êtes pas curieux à leur sujet. Il pourrait être utile de créer un repère visuel pour vous rappeler de faire une pause afin d'observer vos pensées. Par exemple, vous pourriez prendre le temps de ressentir toutes vos émotions chaque fois que vous franchissez une porte ou que vous buvez une gorgée d'eau. Alternativement, vous pouvez identifier vos pensées en tant que telles : de simples constructions mentales allant et venant – ce qui est souvent suggéré par les enseignants de méditation. Si vous le pouvez, essayez de remarquer quand vous êtes pris dans un sillon de pensées et dites simplement (à voix haute si possible) : « Je suis en train de penser. » Cela renforce votre conscience du fait que vous n'êtes pas vos pensées.

Réactions et histoires. À ce niveau de conscience, vous commencez à prendre conscience du cadre plus large à travers lequel vous interprétez vos pensées et vos émotions. Vous apprenez à les apprécier, car ce sont vos compagnons constants. Grâce à la maîtrise de votre conscience, vous commencez à remarquer les réactions que vous avez envers les autres et les histoires que vous vous racontez. Dans ce dernier cas, vous commencez à découvrir si ces histoires sont effectivement vraies pour vous. C'est la première étape pour apprendre à apprécier la vie comme une œuvre d'art, par choix plutôt que par habitude. Passez du temps (un jour par semaine) à noter vos diverses habitudes dans votre journal. Engagez-vous dans des activités similaires à la cartographie que vous avez déjà faite de vos processus internes. Vous avez peut-être déjà identifié plusieurs des histoires intérieures qui vous reviennent régulièrement.

Perspective unique. C'est le niveau de conscience qui maintient votre vision toujours changeante, en vous comme dans le monde extérieur. En développant ce niveau de conscience, vous augmentez votre capacité à changer votre façon de voir les choses, à essayer différents contextes et à comprendre une vérité plus profonde, même dans le paradoxe et l'inconnu. Vous planez haut comme un aigle et gagnez de vastes perspectives. Bien qu'il puisse s'agir d'un niveau de conscience plus difficile à pratiquer, il émerge souvent organiquement à la suite du développement des autres niveaux décrits ci-dessus.

Chacun de ces niveaux de conscience s'appuie sur le précédent. Lorsque vous vérifiez votre corps physique, votre respiration et vos sens, vous commencez naturellement à prendre conscience de vos pensées et de vos émotions. En les observant et en les comprenant, vous remarquez les histoires que vous vous racontez et découvrez leur provenance. Cela vous permet de défier et de transformer vos réactions habituelles et les histoires qui vous emprisonnent dans une vie étroite. Lorsque vous sortez du confort routinier de ces histoires, vous découvrez un monde nouveau en accédant à de nouvelles perspectives, compréhensions et connaissances.

Bien sûr, ce voyage n'est jamais fini. La domestication est subtile et rusée, et certaines de vos habitudes s'étant formées il y a fort longtemps, elles seront plus tenaces. Vous déraillerez souvent hors de la voie. Mais vous pourrez progressivement modifier votre point de vue. N'oubliez pas la nature en spirale de ce travail, dans laquelle vous repassez encore et encore à travers chacun de ces niveaux de conscience, y ajoutant une nouvelle profondeur au fur et à mesure que vous avancez.

Par ce procédé, les pensées et les croyances de votre inconscient peuvent être rappelées à la surface de votre conscience. Cela peut vous permettre de vous libérer de vos anciens schémas et habitudes plus efficacement que n'importe quelle autre méthode. Cet approfondissement de la conscience peut donc entraîner des changements dans votre comportement – que les autres remarquent parfois avant vous. Par exemple, quelques mois après avoir commencé à effectuer ce travail intérieur, un de mes amis est retourné dans sa ville natale pour rendre visite à sa famille. Un soir, lors du dîner, sa sœur cogna accidentellement un verre dont le contenu se renversa sur ses genoux. Il en rit et prit rapidement une serviette pour s'essuyer. Lorsqu'il releva les yeux, il remarqua que tout le monde semblait choqué. « Y a-t-il un problème ? » leur a-t-il demandé. Ils lui rappelèrent que « l'ancien lui » aurait autrefois perdu son sang-froid et serait devenu très désagréable. Sa famille remarqua donc son changement avant lui-même.

En bref, vous saurez que vous progressez dans la maîtrise de votre conscience lorsque vous réagirez différemment aux anciennes situations et tentations de votre esprit. Bien sûr, vous continuerez parfois de vous laisser entraîner par des peurs psychologiques, car le Rêve Planétaire regorge de pièges émotionnels. Mais grâce à la conscience, vous pouvez apprendre à vous relever de n'importe quelle chute et acquérir un peu plus de sagesse. Ce voyage prend du temps. La maîtrise s'acquiert par la discipline régulière qui consiste à se relever encore et encore. Le guerrier existe par ses actes.

De nombreux autres outils sont bien connus pour renforcer la conscience, notamment la méditation, la pleine conscience, les techniques de respiration, les exercices de réflexion, la journalisation, etc. Nous continuerons à les aborder tout au long de cet ouvrage. Je souhaite maintenant vous présenter une façon de renforcer votre conscience qui peut être nouvelle pour vous.

IDENTIFIER LES HISTOIRES FICTIVES

L'un des outils les plus puissants pour renforcer votre conscience consiste à remarquer toutes les façons dont votre esprit raconte des histoires. Notre mental est très doué pour raconter des histoires, mais nous sommes souvent inconscients de celles que nous racontons à nous-mêmes, puis aux autres. Tel le fonctionnement automatique de nos organes, cela se passe sans que nous le sentions : le cœur pompe le sang, les reins nettoient les toxines du corps, et le mental raconte des histoires. La différence est que, contrairement à ces fonctions corporelles, certaines des histoires que notre esprit raconte peuvent être inutiles, voire préjudiciables, à notre bien-être général. Lorsque nous prenons conscience des fictions que nous nous racontons, nous pouvons alors voir comment elles façonnent notre identité. Avec la pratique, nous pouvons enfin comprendre qu'une histoire n'est pas une vérité ultime. Plusieurs options s'offrent alors à nous : nous pouvons les libérer, ou nous pouvons les modifier consciemment. Mais nous ne pouvons pas transformer ou libérer ces fictions avant d'avoir écouté ce qu'elles cachent. Ce n'est que lorsque nous pourrons étudier leurs détails que nous pourrons comprendre ce qui les rend si fascinantes et addictives – et que nous pourrons enfin briser le lien qui nous y enchaîne.

Un de mes amis débarqua un jour chez moi paniqué et en colère. Une collègue lui aurait envoyé un e-mail dans lequel elle disait perdre confiance en ses capacités, l'insultait et remettait en question son talent. Je lui ai alors demandé de me le lire afin de voir ce qui y était réellement écrit. Dans celui-ci, sa collègue lui expliquait brièvement qu'elle s'était trop engagée et avait besoin de prendre du recul sur un projet qui était important pour lui. Elle lui suggérait quelqu'un de brillant pour l'aider, et avait déjà vérifié la disponibilité de cette personne. Celle-ci pouvait tout de suite intervenir pour travailler sur le projet.

C'était tout.

Pas d'insultes, pas de remise en cause de ses talents et rien à propos d'une perte de confiance en lui ou en son projet. Pourtant, mon ami avait en toute bonne foi une histoire totalement différente en tête. *Elle pense que le projet n'est pas assez bon. Elle ne me fait pas confiance et ne me respecte pas. Elle me met sur la touche au profit de quelqu'un d'autre et essaie de saboter mes efforts.* Pourtant, rien de tout cela n'était dans l'e-mail.

Comment est-ce arrivé ? Mon ami a inconsciemment filtré ce message à travers les informations de son vécu, de ses propres insécurités et de sa profonde peur sous-jacente de l'échec. Le parasite contrôlait sa perception.

Nous avons pris le temps de discuter de la situation et, avec un peu d'attention, il remarqua que son cœur battait la chamade et que sa respiration était superficielle. Il prit conscience qu'il se sentait irrationnellement en colère, et admit que, pour lui, cette émotion masquait souvent la peur. Je lui ai rappelé que, dans le passé, il m'avait dit qu'il tombait parfois dans le piège de l'autosabotage s'il pensait que les autres ne lui faisaient pas confiance et ne le respectaient pas. Les yeux ouverts sur une toute nouvelle perspective, il était prêt à revoir totalement l'histoire de cet événement. Il fut ainsi capable de se sentir reconnaissant pour l'honnêteté de sa collègue sur la façon dont elle pouvait ou ne pouvait pas contribuer à ce moment-là. Il s'est rendu compte qu'il n'avait pas à prendre sa décision comme une attaque personnelle ni à faire d'autres suppositions. Et il put apprécier sa recommandation d'un nouveau collaborateur tout en sachant qu'il pouvait toujours compter sur son soutien.

LE POUVOIR DU JAGUAR

Dans ma tradition, nous relions souvent la conscience d'un guerrier toltèque à la puissance symbolique du jaguar. Originaire de ce qu'on appelle désormais le Mexique, ce chasseur musclé et élégant a beaucoup à nous apprendre sur la façon d'activer nos sens et notre corps émotionnel. Le jaguar traque silencieusement et se met à l'écoute des sons, des mouvements et des odeurs. Il garde son attention fixe et ouverte en même temps, son corps détendu et prêt. Il remarque quand les choses semblent différentes ou étranges. Lorsque sa proie apparaît, il bondit dans une action puissante et décisive. Il ne sait pas quel sera le résultat, mais il donne tout ce qu'il a pour atteindre son objectif.

Le jaguar est donc un excellent modèle pour apprendre à pratiquer l'art de la prise de conscience. Dans ce cas, vos proies sont les histoires obsolètes et les vieux accords qui freinent ou bloquent votre quête de liberté personnelle. Vous traquerez les pensées, les actions et les croyances qui gardent en vie ces histoires en vous. Imaginez-vous tel le jaguar de votre propre esprit. Réveillez-vous le matin prêt pour la chasse. Il peut être utile de décider de ce que vous surveillerez un jour donné, comme un discours intérieur négatif ou la peur de l'échec. Ou peut-être de suivre ce que vous désirez vivre, comme la joie ou le repos ?

À quoi cela ressemblerait-il dans votre quotidien ? Peut-être que vous vous regardez dans le miroir et que votre attention se porte directement sur une partie de votre corps que vous jugez défectueuse ? C'est là que le jaguar se réveille et écoute attentivement ce qui se passe alors que votre mitote passe à la vitesse supérieure. *Je ne devrais pas ressembler à ça, il faut que je change. Si j'étais spirituellement éveillé, je me ficherais de mon apparence.* Ensuite, le jaguar, votre guerrier intérieur, se jette dans la mêlée et commence à contester les accords qui ont conduit à ces pensées. Il a entendu les mots *devrais* ou *il faut que* – signes révélateurs d'une pensée parasite. *Que se passe-t-il ?* grogne-t-il. *Que ressens-tu vraiment ?* »

Vous vous connectez alors à votre corps – non pas au reflet du miroir, mais bien à ce qui se passe dans votre chair et vos os. Tout ce que vous ressentez – douleur, chaleur, picotement – est cent fois plus réel que les voix dans votre tête. Vous avez maintenant une chance de changer le récit dans votre esprit. *Mon corps a faim, je vais donc prendre un petit déjeuner nourrissant. Je me sens léthargique, alors je vais m'offrir le cadeau d'une promenade à l'extérieur.* Tout au long de la journée, vous continuez à traquer votre discours intérieur négatif et ses *il faut que* et ses *je devrais*. Soyez impitoyable, mais aimant. N'oubliez pas : la voix du parasite ne diminue pas lorsqu'il est confronté à une autre voix dure et critique, car il s'agirait juste là d'un autre type de discours parasitaire. Mais il finira par céder à une voix qui est implacablement aimante, douce et gentille.

Vous pouvez le faire avec n'importe quel aspect de votre rêve personnel dès maintenant. Et il est important de se rappeler que, comme beaucoup d'exercices présentés dans ce livre, cela est une pratique continue. Par exemple, j'ai récemment découvert que je m'accrochais à des pensées obsessionnelles sur certains des objectifs que j'ai formulés pour mon futur proche. Bien sûr, planifier, se fixer des buts et travailler vers la réalisation d'un rêve sont de bonnes choses. Mais dans ce cas, mon jaguar intérieur a remarqué que quelque chose n'allait pas. Mes pensées étaient répétitives, et mon parasite était subtilement entré dans la conversation, créant de fausses promesses. *Ce n'est qu'une fois que tu auras enfin X, que tu te sentiras comme Y et sauras que tu es digne de Z.*

Pourquoi tiens-tu absolument à atteindre cet objectif ? siffla instinctivement mon jaguar, défiant mes voix intérieures. *Ton effort est-il motivé par un désir authentique ou par la peur ? Combien de temps encore vas-tu poursuivre une carotte attachée à un bâton avec une concentration fixe, aveugle au vaste champ d'opportunités qui t'entoure à tout moment ? Pourquoi attaches-tu ta valeur et ton bonheur à un résultat futur, au lieu de le trouver maintenant, dans le moment présent, le seul moment qui existe réellement ?*

Lorsque je me suis interrogé de cette manière, mon jaguar a pu me guider vers le nagual intérieur et me rappeler que tout est parfait, exactement tel qu'il est. Je me suis recentré et j'ai abandonné mon besoin obsessionnel d'atteindre cet objectif. S'il doit se produire, c'est merveilleux ; si ce n'est pas le cas, c'est merveilleux aussi.

Dans les prochains chapitres, nous examinerons la pratique de la conscience et de la transformation à travers le prisme de chacun des quatre éléments, en suivant le chemin traversant les places de l'Eau, de l'Air, du Feu et de la Terre. Se déplacer à travers ces éléments, ainsi que les états intérieurs et les processus extérieurs qu'ils symbolisent, peut vous aider à rétablir une relation saine entre votre esprit et votre cœur. Et lorsqu'ils sont en harmonie, toutes vos autres relations peuvent également s'harmoniser.

* * *

Exercice : marche consciente

Une excellente façon de commencer à fléchir les muscles de votre conscience est de faire des promenades régulières dans un cadre naturel. Un endroit relativement paisible comme un jardin de ville, un parc ou une réserve naturelle riche en faune et flore est idéal, mais si cela vous est difficile, une rue de quartier calme fera l'affaire. Ne vous inquiétez pas trop de l'emplacement. Un de mes amis pratique régulièrement la marche dans un parc boisé à proximité, et celui-ci lui offre de nombreuses opportunités de contemplation paisible, même s'il est situé juste à côté de l'aéroport. L'idée est de trouver un endroit où vous pouvez respirer et admirer le monde qui vous entoure à travers vos sens. Votre marche peut être aussi courte (cinq ou dix minutes) ou aussi longue que vous le souhaitez.

Avant de commencer votre promenade, définissez votre intention. Prenez quelques respirations profondes et essayez de vous défaire de toute inquiétude concernant l'avenir ou toute pensée tenace à propos du passé. Restez uniquement dans le présent. Essayez de garder votre conscience aussi ouverte que possible. Au début, cela peut s'avérer difficile, et vos pensées vagabonderont peut-être comme au début d'une pratique de méditation. Ne vous culpabilisez pas si cela se produit, guidez doucement votre attention sur le moment présent et les sensations de votre corps interagissant avec le monde qui vous entoure – les parfums et les goûts dans l'air, la sensation de la brise sur votre peau, les muscles de votre corps qui vous font avancer, le poids de vos mains au bout de vos bras, le bruit des oiseaux, des avions, d'autres personnes.

Si cela vous aide, vous pouvez décider d'une sensation spécifique à laquelle revenir chaque fois que vous remarquez que votre esprit a repris son vagabondage. Par exemple, dès que vous remarquez que vous avez quitté le moment présent et avez cessé d'être pleinement conscient de votre environnement, concentrez-vous sur la plante de vos pieds embrassant le sol à chacun de vos pas.

N'oubliez pas : cette prise de conscience ne consiste pas à porter un jugement quelconque. Si vous sentez une odeur désagréable en passant devant une benne à ordures ou un étang stagnant, observez-vous. Réagissez-vous à une idée fictive ? *(Je parie que personne n'a ramassé ces ordures depuis des semaines ! Le programme de ramassage des ordures de la ville est si négligent !)*

Au lieu de quoi, observez simplement les choses et poursuivez votre chemin sans plus y penser.

*

*   *

Exercice : apaiser le mental conteur

Cette pratique peut vous aider à étendre votre conscience physique dans le domaine de l'esprit, puis plus profondément dans les histoires et les croyances qui vous sont devenues habituelles au fil des ans. Méfiez-vous, il est encore plus facile de se laisser distraire dans cet exercice. Le mitote travaille dur pour vous distraire avec ses nombreuses voix, il faut donc de la pratique pour voir d'où proviennent ces histoires. L'objectif est de développer et de renforcer votre conscience de votre moi intérieur afin de pouvoir utiliser consciemment votre jugement dans toute situation.

Pour cet exercice, vous aurez besoin des listes que vous avez rédigées dans votre journal à la fin du chapitre 2. Choisissez l'un des exemples de monologue intérieur négatif que vous y avez notés. Tout d'abord, voyez si vous pouvez vous concentrer sur l'histoire spécifique racontée par votre mental. Prenons l'exemple courant de pensée parasite : *Je ne suis pas attirant.*

Considérez ensuite l'une de ses branches plus spécifiques : trop gros/maigre, trop grand/petit, peau imparfaite, dents tordues, etc. Voyez ensuite, quelles histoires vous pourriez vous raconter en rapport avec ce message : *je ne serai jamais assez beau pour attirer un(e) partenaire de vie. Je ne mérite pas l'amour parce que personne ne veut me voir pour ce que je suis réellement. Les gens attirants ont la vie plus facile que moi. Je serais enfin heureux si seulement j'étais mince/grand/avais une plus belle peau/de plus beaux cheveux/un plus beau corps.*

Passez maintenant un peu de temps à revoir la liste que vous avez faite à la fin du chapitre 3, dans laquelle vous avez examiné les traits positifs et les réalisations de votre vie que vous avez utilisées pour construire votre identité. Recherchez les histoires que vous leur avez attachées. Par exemple : *je suis une personne spirituelle.* Dans ce cas, l'histoire que vous vous racontez peut-être : *je suis meilleur que les autres parce que je suis sur un chemin spirituel.*

Une fois que vous avez identifié une ou même plusieurs histoires en lien avec les idées que vous avez choisies, voyez si vous pouvez identifier plusieurs moments de votre vie où vous avez été conditionné – peut-être pour la première fois – par cette histoire. Si vous ne pouvez pas vous remémorer un moment précis, ce n'est pas grave. Le travail que vous faites dans cet exercice consiste davantage à voir l'histoire pour ce qu'elle est (soit une croyance) et à être conscient du fonctionnement de votre esprit.

Enfin, passez du temps avec votre histoire et essayez de la voir comme telle : une histoire. Ce n'est pas un fait réel ;

c'est une construction, une idée fictive, une croyance. Vous pouvez choisir de l'accepter ou de la rejeter chaque fois qu'elle se répète. Donnez-vous la pleine permission de la rejeter et pardonnez-vous de l'avoir acceptée en premier lieu. Imaginez-vous entouré d'une grande lumière dorée, la lumière de l'amour inconditionnel. Cette lumière vous entoure à chaque instant. Il ne vous reste plus qu'à en prendre conscience.

*

*   *

Exercice : oui/non

Cet exercice vous aide à examiner de plus près comment et quand vous acceptez ou rejetez une situation. La tradition toltèque reconnaît que nous sommes tous les artistes de notre vie. Chaque fois que nous disons oui, quelque chose est créé ; chaque fois que nous disons non, quelque chose ne se crée pas. Nous oublions souvent le pouvoir que nous avons à chaque instant de faire des choix et nous restons bloqués dans des automatismes néfastes.

Êtes-vous conscient lorsque vous acceptez quelque chose ou que vous le rejetez ? Faites-vous souvent une pause pour vous demander : est-ce que je veux dire oui à cela maintenant ?

Vous pouvez d'abord pratiquer cela sur de petites décisions et habitudes apparemment insignifiantes. *Est-ce que je veux dire oui à l'utilisation de ma main dominante pour la plupart des choses, ou dois-je essayer de renforcer mon autre main avec cette tâche ? Est-ce que je veux dire oui au fait de suivre mon itinéraire habituel ou préférerais-je emprunter un autre chemin ?* Une fois que vous vous êtes entraîné à faire des choix sur des questions faciles, essayez avec de vrais défis. *Est-ce que je veux continuer à douter de moi aujourd'hui, ou est-ce que je veux mettre ça de côté ? Est-ce que je veux être la victime dans cette situation, ou le guerrier ? Est-ce que je veux garder cette opinion, ou est-ce que je veux la laisser tomber ?*

Il est normal de réévaluer vos choix même lorsque vous savez qu'ils ont de graves conséquences. Par exemple, je connais un couple qui se demande tous les jours s'ils veulent rester mariés. Ils le font sous forme de taquinerie complice, mais cela leur rappelle également que jour après jour ils disent activement et consciemment oui à leur partenariat. Et qu'ils ont toujours la possibilité de dire non.

Pensez à faire un jeu de votre façon de dire oui ! Le jeu est peut-être l'outil le plus puissant et le plus négligé que nous ayons dans notre arsenal émotionnel, surtout quand il s'agit de croissance et d'apprentissage. Connaissez-vous le livre pour enfants (ou son adaptation cinématographique) intitulé *Yes Day!* Un jour par an, les parents ont pour règle d'accepter avec enthousiasme absolument tout ce que leurs enfants veulent faire. (Avant que votre juge intérieur ne s'agite, laissez-moi vous dire que les adultes ont mis en place quelques règles de sécurité de base au départ.) De la glace au petit déjeuner ? D'accord ! Renverser tous les meubles du salon ? Bien sûr, c'est le bon jour pour ! Cette journée rigolote et étonnante crée un espace de compréhension important pour les enfants comme pour les adultes. Nous avons tendance à suivre les « règles » qu'on nous impose (ou que nous nous sommes imposées) par habitude. Mais nous avons toujours le choix de leur dire oui. Dire oui par obligation, par peur ou par confort peut facilement vous coincer dans un cul-de-sac. Et si vous vous perdez dans cette voie de règles inconscientes, il est fort probable qu'à un moment donné (comme lorsque vous atteignez la quarantaine), vous ne sachiez même plus ce que vous voulez vraiment.

*

* *

Exercice : rituel du miroir

Dans la tradition toltèque, le miroir nous permet d'enseigner une leçon importante sur le fonctionnement de l'esprit. Car, que nous en ayons conscience ou non, lorsque nous regardons le monde, nous nous voyons reflétés partout, en tout et en tout le monde. Nous voyons des choses que nous admirons sur nous-mêmes et des choses que nous n'aimons pas. Très souvent, lorsque nous voyons quelque chose dans le monde et que nous y réagissons émotionnellement, ce à quoi nous réagissons vraiment est le reflet de notre moi intérieur. Le problème est, bien sûr, que souvent nous ne savons pas que ce que nous regardons n'est que notre reflet.

Cependant, une fois que vous êtes capable de prendre conscience de cela, vous devenez capable de vous reconnaître dans tout et tout le monde. Tous, ici, sur cette planète, nous luttons avec la même recherche de sens et de bonheur ; nous expérimentons tous la joie, la douleur, la souffrance et l'amour. Mais, même si vous voyez des reflets de vous-même dans chaque être et dans le monde en général, cela ne signifie pas que vous pouvez les contrôler. La seule chose que vous êtes vraiment capable de contrôler, c'est vous-même – ce qui se reflète ensuite dans le monde, pour le meilleur ou pour le pire. Lorsque vous êtes capable de voir cette vérité, vous êtes mieux à même de naviguer entre vos relations et de vivre au sein de votre communauté avec grâce et respect. Nous sommes les miroirs les uns des autres.

Dans cet exercice, vous créez votre propre « monde miroir ». Vous pouvez également le faire devant le miroir de votre salle de bain si c'est tout ce que vous avez à votre disposition. Dans une pièce où vous savez que vous ne serez pas dérangé pendant au moins trente minutes, créez un cercle en plaçant un tabouret en son centre, puis en disposant quatre miroirs aux quatre quarts du cercle. Une fois assis, vous pourrez ainsi vous tourner vers chaque miroir à tour de rôle.

Une fois votre espace aménagé, installez-vous sur le tabouret face à l'un des miroirs et fermez les yeux. Respirez profondément. À chaque inspiration, sentez-vous devenir plus conscient du moment présent – des sons, des parfums et de toutes sensations de l'espace dans lequel vous vous trouvez. À chaque expiration, imaginez que toute la tension de votre corps se dissout dans le sol. Prenez autant de ces respirations que nécessaire jusqu'à ce que vous vous sentiez calme et détendu.

Lorsque vous êtes prêt, ouvrez les yeux et regardez doucement dans le miroir devant vous, dans vos propres yeux. Vous pouvez entendre la voix de votre juge vous dire presque immédiatement à quoi vous ressemblez. Cela n'est pas le but de l'exercice, mais observez-le, et vous pourrez travailler avec ces informations plus tard dans votre journal. Pour l'instant, tout comme lors de vos méditations, entendez simplement les voix sans les écouter et laissez-les partir. Continuez à regarder dans vos propres yeux. Après un certain temps, vous commencerez à vous percevoir différemment. C'est un jeu d'optique, mais cela peut être surprenant. Observez simplement : ceci, c'est vous.

Maintenant, tournez-vous vers un côté et regardez dans le miroir suivant de la même façon. C'est vous. Et le prochain miroir ? C'est vous aussi. Partout où vous vous tournez, vous voyez votre propre reflet. C'est une puissante métaphore de votre perception de la vie alors que vous vous déplacez dans le monde. Lorsque vous regardez dans les yeux d'un autre, vous voyez un reflet de vous-même. Ce n'est pas une leçon de narcissisme ; c'est une vérité qui permet de se connecter et de se rendre compte que chaque personne que vous rencontrez éprouve les mêmes désirs de bonheur, le même désespoir, les mêmes déceptions que vous.

Une fois la boucle bouclée, fermez les yeux et passez quelques instants à intégrer les informations que vous avez découvertes. Considérez que, si vous êtes le reflet des autres et qu'ils sont le vôtre, alors votre travail intérieur n'est pas seulement un cadeau pour vous-même ; c'est aussi un cadeau pour les autres. Pensez à une petite partie de ce cadeau que vous aimeriez refléter dans le monde – une façon dont vous pouvez changer votre rêve personnel. Imaginez cela comme un cadeau physique que vous offrez à travers vos yeux. C'est peut-être le don de rester calme face au chaos. C'est peut-être le don de l'autocompassion. Maintenant, ouvrez les yeux, regardez dans le miroir et offrez-vous ce cadeau.

Étant donné qu'il s'agit d'un exercice puissant qui peut susciter beaucoup de pensées et de sentiments, vous souhaiterez peut-être réserver du temps pour écrire dans votre journal immédiatement après, ou pour sortir marcher pour vous aider à vous recentrer et à vous ancrer dans la beauté du monde naturel.

CHAPITRE 5
LA PLACE DE L'EAU

Pour les cultures du monde entier et à travers l'histoire de l'humanité, l'eau a longtemps été associée à la guérison et au domaine des émotions. Vous savez déjà probablement que 50 à 75% du corps humain est constitué d'eau. L'eau fait partie intégrante de notre être. Il n'est donc pas surprenant que vous soyez attiré par les côtes, les rivières et même les flaques d'eau un jour de pluie. Un bain chaud peut vous régénérer en quelques minutes. Un bain glacial peut réveiller tout votre système nerveux. La pluie, l'humidité ou la sécheresse de l'air affectent la façon dont vous respirez et vous vous sentez. Nous savons également que sur la planète, toute vie animale a commencé dans les océans et que votre corps contient toujours un niveau de salinité similaire à celui de l'eau de mer. À l'intérieur de vous et à l'extérieur de vous, l'eau est la vie elle-même.

La tradition toltèque associe l'eau aux émotions et au corps émotionnel. L'eau détient ainsi un puissant potentiel de guérison pour le corps et l'esprit. C'est aussi un important symbole de purification. Ainsi, dans la maîtrise de la vie, l'eau est considérée comme un puissant allié lorsque vous nettoyez votre esprit de tous les accords et attachements passés et de vos fausses identités. C'est une étape essentielle de votre voyage. C'est pourquoi, une fois traversée la place du Mental, vous entrez sur la place de l'Eau, qui marque le premier des quatre emplacements le long de l'avenue des Morts correspondant aux quatre éléments : l'eau, l'air, le feu et la terre.

Dans le dernier chapitre, nous avons brièvement abordé les émotions avec la pratique de la conscience. Le parasite dans votre esprit rassemble toutes sortes d'accords pour vous contrôler et vous manipuler, et le juge et la victime utilisent souvent leurs voix pour déclencher en vous de nombreuses émotions. C'est ainsi que le mitote contrôle votre comportement. La voix du juge vous dit que vous échouez toujours d'une certaine manière. La victime en vous entend cette voix et la croit, ce qui produit des émotions comme la tristesse, la culpabilité ou le désespoir. Et ces sentiments, à leur tour, influencent ou même contrôlent vos actions.

Bien sûr, les émotions en elles-mêmes ne sont ni bonnes ni mauvaises. Mais dans votre rêve personnel et dans le plus grand Rêve Planétaire, vous pouvez devenir émotionnellement réactif pour des raisons que vous ne comprenez pas entièrement et dont vous avez trop peur pour oser enquêter. Vous pouvez également vous attacher à ces états émotionnels d'une manière qui vous amène à les considérer comme faisant partie de votre identité, de la même façon que vous confondez vos croyances conditionnées (domestications) avec une partie de votre moi profond. Dans ces états réactifs, lorsque vous vous identifiez profondément à vos émotions, vous pouvez faire du mal à vous-même et aux autres.

C'est pourquoi la liberté personnelle vous demande de regarder de près vos émotions afin de vous guérir pour vivre en paix et ne plus tomber dans le piège des réactions émotionnelles et des débordements. Au lieu de cela, vous devez donc apprendre à laisser vos émotions vous traverser de manière saine et utile. Cela ne veut pas dire que vous ne *ressentirez* plus d'émotions négatives. Cela signifie simplement que, grâce à l'art de la pleine conscience, celles-ci ne vous *contrôleront* plus.

Par exemple, les sentiments d'anxiété et de regret mettent souvent en lumière des conditionnements et une suractivité de notre mental conteur d'histoires, car ils se concentrent sur ce qui « pourrait arriver » à l'avenir ou ce qui « n'aurait pas dû arriver » dans le passé. Cependant, lorsque vous examinez de près ces émotions, vous constatez que, dans presque tous les cas, l'histoire qui les alimente est basée sur une peur psychologique. Les émotions sont réelles, mais ce qui les déclenche peut ne pas l'être. La solution n'est pas de repousser vos émotions et de prétendre qu'elles ne sont pas là, mais plutôt de les remarquer, de les ressentir et d'enquêter sur leur source. Quelle pensée avez-vous eue qui a produit cette émotion en vous ? Y a-t-il une domestication ou une histoire inutile à la racine de ces pensées et sentiments ?

En utilisant votre conscience et votre attention, vous pouvez apprendre à distinguer lorsqu'une émotion provient d'une croyance ou d'une histoire domestiquée, puis rechercher ce qui doit être guéri en vous. C'est souvent votre seul point de vue sur une personne, un lieu, une chose ou une situation que vous devez remettre en question.

PURIFICATION

Le but ultime ici est la *purification* – un mot qui peut sembler négatif, insinuant que nous serions sales, mauvais ou pécheurs et que nous devrions être nettoyés ou stérilisés. Mais ce n'est pas là le sens toltèque du mot. Pour nous, la purification s'apparente davantage à une libération, à un flux ou à un relâchement. C'est mettre en mouvement un corps et un esprit rigides afin d'ouvrir un espace à travers lequel l'amour peut s'écouler.

La purification commence et se termine par l'amour, car, de tous les éléments primordiaux, l'amour est celui qui ressemble le plus à l'eau. L'amour inconditionnel et l'eau donnent vie à tout. Ils nettoient tous les deux les zones souillées de votre passé. Ils sont toujours fluides et changeants. Comme l'eau, l'amour n'a pas de forme propre ; les deux se transforment pour s'adapter à leur contenant. L'énergie qui fait bouger votre corps et détermine l'état de votre esprit existe également dans un état de flux. La purification est alors l'application de l'amour inconditionnel qui élimine les blocages et permet le flux naturel des émotions et de l'énergie à travers votre corps, votre cœur et votre esprit.

L'élément eau est ainsi naturellement connecté aux problématiques liées à votre corps émotionnel. Et quand je dis *corps émotionnel*, je fais référence à cette part de vous qui se gonfle d'amour lorsque vous étreignez votre enfant ou votre parent ; qui libère un flot de larmes de chagrin ou de frustration lors d'une grande perte ; qui ressent une joie simple, mais profonde lorsque vous passez du temps avec votre meilleur ami ou votre animal de compagnie.

La science moderne nous offre de nombreuses explications sur les processus corporels qui ont lieu lorsque nous ressentons des émotions, comme des réactions chimiques dans le cerveau, par exemple. Mais vous êtes, bien sûr, une créature complexe dont les aspects physiques, mentaux, émotionnels et spirituels se chevauchent et se marient. Pourtant, si vous pouviez un instant séparer votre capacité émotionnelle du reste, vous pourriez voir qu'elle agit comme une sorte de pont entre votre corps physique et votre mental, relayant des informations à travers votre système nerveux. Cette capacité est très sensible aux hormones et au toucher, ainsi qu'au contrôle ou à la libération du flux émotionnel. Il est donc facile de voir combien son rôle est important.

Il est également facile de voir comment certaines croyances et certains des accords que nous avons formés au fil du temps, en particulier durant nos premières années, peuvent agir tels des obstacles au flux d'émotions dans nos vies. Nous endiguons nos sentiments ; nous nous engourdissons dans des mares stagnantes ; ou, au contraire, nous débordons à grands flots d'intenses émotions. Idéalement, ce flux émotionnel serait telle une rivière saine et fluide, aux courants forts et profonds à certains endroits, et avec des remous et des bas-fonds doux à d'autres. Lorsque nous apprenons à être les intendants, les gardiens de ce fleuve de vie, et à explorer les manifestations infinies de l'amour qui le traverse, nos corps émotionnels deviennent de puissants outils de transformation.

Bien sûr, beaucoup d'entre nous n'ont jamais appris à utiliser leurs émotions de cette manière, et l'idée culturelle dominante dans le Rêve Planétaire actuel nous incite à nous fermer à certaines émotions, les qualifiant d'inconfortables, indignes de confiance ou même dangereuses. Cette croyance peut revêtir un pouvoir autoprophétique, car les personnes dotées d'une faible intelligence émotionnelle auront tendance à avoir des réactions émotionnelles explosives et dangereuses, ou à réprimer et cacher leurs émotions de manière néfaste. Parce qu'elles ne comprennent pas leurs émotions, elles ne peuvent pas leur faire confiance – ni faire confiance à celles des autres. Le cercle vicieux se poursuit alors, car tout ce qui est émotionnel en vient à être considéré comme incontrôlable ou menaçant, comme quelque chose qui doit être stoppé ou contrôlé.

Beaucoup d'entre nous ont également été domestiqués à penser que la logique devrait toujours prévaloir sur l'émotionnel lors d'une prise de décision. Cette croyance repose sur l'idée fausse que tout problème ou situation « réelle » a une solution logique, et la croyance erronée qu'une fois que nous aurons identifié le choix le plus logique, il mènera toujours à l'action la plus raisonnable.

Même si vous pensez que vous êtes un être logique faisant des choix logiques – que vous pouvez séparer vos pensées et vos actions de vos émotions –, vous vous bercez d'illusions en le croyant. Vos émotions influencent presque toujours votre comportement. Chaque fois que vous croyez prendre des décisions « rationnelles » sans être influencé par vos émotions, c'est que vous n'êtes probablement tout simplement pas conscient de vos émotions – ou que vous les réprimez. Votre objectif sur la place de l'Eau est d'apprendre à honorer vos émotions sans être manipulé par des conditionnements antérieurs vous menant à une réaction émotionnelle inutilement blessante, envers vous-même ou les autres. C'est ainsi que vous rétablirez l'harmonie entre votre esprit et votre cœur.

JE RESSENS – JE SUIS

Dans l'introduction, nous avons parlé du pouvoir des mots. Ce pouvoir est particulièrement évident lorsqu'il s'agit de nos émotions et de la façon dont nous utilisons le langage. Par exemple, lorsque quelqu'un vous demande comment vous allez aujourd'hui, vous pouvez répondre de différentes manières :

- « Je suis content. »
- « Je suis triste. »

- « Je suis excité. »
- « Je suis mal. »
- « Je suis bien. »
- « Je suis nerveux. »
- « Je suis déprimé. »

Bien qu'il s'agisse là d'expressions familières courantes, aucune de ces déclarations n'est exacte, car elles commencent toutes par les puissants mots « Je suis », suivis d'un *sentiment*. Ainsi, vous vous décrivez comme un sentiment alors qu'il serait plus juste de dire qu'en vous se trouvent actuellement des sentiments de tristesse (ou d'excitation ou de bonheur). « Je me sens excité en ce moment. » « Je ressens de la tristesse en ce moment. » Cela peut sembler futile, mais la différence que cela fait dans votre esprit peut être énorme.

Dans le premier exemple, vous vous signalez *être* le sentiment que vous ressentez. Et si vous le répétez suffisamment, au fil du temps, cela peut s'intégrer à l'identité que vous construisez dans votre esprit. *Je suis quelqu'un de triste. Je suis toujours nerveux.* Si vous connaissez des personnes qui semblent être « fondamentalement malheureuses », c'est probablement parce que c'est ainsi qu'elles se perçoivent elles-mêmes. Cela reflète probablement les fictions de leur esprit, qui ont fini par devenir des prophéties auto-infligées, pour avoir été répétées jour après jour.

Un changement de langage, même subtil, peut vous permettre de reconnaître que vous vivez une forme d'émotion dans l'instant, plutôt que de faire de cette émotion une partie de votre identité. Et cela nous ramène au concept de purification consistant à aborder les émotions comme de l'eau qui s'écoule librement. Par la purification, vous permettez aux émotions de vous traverser sans les bloquer par votre besoin de vous y accrocher et de les revendiquer comme faisant partie de votre nature fondamentale, votre vrai moi. Vos émotions sont réelles, mais elles ne sont pas qui vous *êtes*. Et vous n'êtes pas obligé d'agir en fonction de vos émotions, même si parfois, après avoir évalué la situation et votre réaction intérieure, vous pouvez *choisir* d'agir. Cet acte de discernement enraciné dans la conscience est ce qui fait de vous un maître.

ÉMOTIONS ET TRAUMATISMES PASSÉS

Vos sens physiques et votre imagination contribuent tous deux à générer des émotions. Ainsi, ressentir une douleur réelle sur le moment peut également se rapporter à un souvenir. Votre corps peut recréer l'expérience émotionnelle passée, vous forçant à la vivre encore et encore. C'est pourquoi le chagrin et la dépression peuvent être physiquement douloureux longtemps après que l'événement qui les a causés est passé. C'est aussi pourquoi les traumatismes émotionnels peuvent entraîner des maux physiques. Il est donc primordial que le travail des émotions prenne en compte les processus profonds impliqués lors d'un traumatisme.

Lorsque j'utilise le mot *traumatisme* dans ce contexte, je fais bien sûr référence à tous les événements terribles, les abus ou les trahisons que le mot désigne couramment. Mais je fais également référence à des blessures beaucoup plus « petites » – ces événements qui pourraient être décrits comme des expériences négatives (rejet, honte, échec à atteindre un objectif hautement souhaité, etc.). Presque aucun être humain n'atteint l'âge adulte sans être touché par ces expériences d'une manière ou d'une autre. Les émotions associées à ces traumatismes sont souvent les mêmes, quelles que soient les circonstances, et les blessures qu'elles provoquent peuvent avoir une endurance incroyable. Nous rejouons les traumatismes dans nos esprits, nous le faisons encore et encore, et nos corps émotionnels continuent d'en ressentir la douleur. Certaines personnes préféreront les tactiques d'évitement, de distraction ou même de déni, tentant de se protéger du traumatisme parce que s'en souvenir, c'est rouvrir la blessure.

Il est cependant possible de vous détacher de la charge émotionnelle de vos expériences traumatisantes passées afin de pouvoir en parler librement, et peut-être même d'aider une autre personne traversant une période difficile. En effet, il est essentiel sur le chemin de la maîtrise de découvrir et de libérer toute ancienne douleur émotionnelle qui vous empêche d'expérimenter votre liberté personnelle. Cela fait partie du processus de purification auquel j'ai fait référence plus tôt dans ce chapitre. Le but de cette purification est de permettre à vos émotions de s'exprimer à nouveau librement, tout en utilisant la conscience que vous avez apprise sur la place du Mental afin qu'elles ne vous contrôlent plus.

Elizabeth Smart est un merveilleux exemple de ce genre de transformation. Victime d'un enlèvement tragique, elle parcourt désormais le monde entier pour dénoncer les méfaits de la traite d'êtres humains et l'importance de l'estime de soi pour les enfants et les femmes. Ou Malala Yousafzai, qui fut blessée par balle et laissée pour morte sur le chemin de l'école et qui a finalement reçu le prix Nobel de la paix pour son plaidoyer en faveur de l'éducation des femmes et des jeunes filles. Comment est-il possible que quiconque ayant traversé un tel enfer puisse transformer son traumatisme en bénédiction et service à l'humanité ? La portée de leur action est directement liée à l'intensité de leur douleur émotionnelle. Comment peuvent-elles revisiter cette douleur et effectuer leur travail sans en souffrir encore et encore ?

« Le pardon est quelque chose que vous faites pour vous-même », a déclaré Elizabeth Smart. « Si je m'accroche à ma colère pour eux [ses ravisseurs], cela m'arrache une partie de mon âme. Le pardon, c'est renoncer à l'espoir d'un passé meilleur. Je leur pardonne. Mais je ne veux cependant plus jamais les revoir. »

Malala délivre un message similaire : « Je ne déteste pas le taliban qui m'a tiré dessus. Même si l'on plaçait une arme dans ma main et qu'il se tenait devant moi, je ne tirerais pas. C'est la leçon de compassion que j'ai apprise du Prophète de miséricorde Mohammed, de Jésus-Christ et de Bouddha… Et c'est le pardon que j'ai appris de ma mère et de mon père. C'est la voie que me dicte mon âme : va en paix et aime tout le monde. »

LA GUÉRISON PAR LE PARDON

Quel que soit le traumatisme, le pardon demande beaucoup de travail. Et la première étape est de savoir se pardonner à soi. Dans les deux exemples ci-dessus, il est facile de voir qu'aucune de ces jeunes femmes n'était responsable de ce qui lui est arrivé. Pourtant, lorsqu'il s'agit de nos propres expériences, même lorsque nous avons été victimes, nous portons souvent des sentiments de culpabilité et de remords. Le pardon commence par la prise de conscience de ces sentiments dans un endroit sûr et sécurisant, avec l'aide d'un professionnel si nécessaire ou souhaité.

Le pardon nécessite d'être prêt à vous ouvrir pleinement à votre expérience émotionnelle actuelle, à observer et à accepter tout ce que vous ressentez, puis à vous pardonner d'abord. Pardonnez-vous pour votre rêve blessant, pour vos erreurs, pour ne pas avoir su choisir ou faire mieux, pour tout et n'importe quoi. Souvenez-vous : vous ne pardonnez pas au profit de quiconque ou de quoi que ce soit qui vous a blessé. Vous pardonnez afin de relâcher l'emprise que ses émotions passées ont encore sur vous afin que votre douleur ne dicte plus vos actions à l'avenir.

Le pardon élève votre perception de ce qui vous est arrivé. Du niveau de conscience victime/agresseur, vous vous ouvrez à la perspective transcendante de l'aigle. De là, votre vue est beaucoup plus vaste. Cela permet à la plaie de cicatriser de sorte que, lorsque vous la revisiterez, elle ne vous blessera plus à nouveau. Si une blessure émotionnelle est laissée ouverte ou si vous la rouvrez chaque fois qu'on vous la rappelle, c'est qu'une partie de vous dit oui à cette blessure, une partie de vous souhaite ou a encore besoin qu'elle reste à vif et douloureuse en quelque sorte. Cela peut être très difficile à admettre et à accepter, mais il est incroyablement puissant d'examiner de plus près pourquoi le fait de garder cette plaie ouverte vous sert d'une manière ou d'une autre. Il se peut que vous la gardiez ouverte jusqu'à ce que vous soyez vraiment prêt à guérir, ou peut-être que vous en avez fait une partie de votre identité. Et c'est aussi bien ainsi. Pardonnez-vous également pour cela, et souvenez-vous que vous pouvez toujours choisir de démarrer le processus de guérison, à tout moment.

Souvent, parler à des personnes en qui vous avez confiance et partager avec elles vos sentiments ouvre la porte à la guérison. Quand les sentiments sont tabous, quand vous pensez qu'ils ne devraient pas être discutés ou même admis, vous bloquez toute chance de travailler dessus. Comme nous le rappelle le grand Fred Rogers : « Quand nous pouvons parler de nos sentiments, ils deviennent moins accablants, moins bouleversants et moins effrayants. Les personnes en qui nous avons confiance et à qui nous pouvons confier ces mots importants peuvent nous aider à sentir que nous ne sommes pas seuls. »

Vos émotions sont une profonde source avec laquelle et à travers laquelle vous pouvez travailler sur votre chemin vers la liberté personnelle. Votre corps émotionnel est lié à une véritable bibliothèque d'histoires, de croyances, d'accords et de souvenirs que vous pouvez examiner dans votre travail de guerrier toltèque. Et votre liberté se situe souvent juste de l'autre côté d'une émotion douloureuse.

LA GUÉRISON PAR LE RIRE

Ironiquement, les plus grands humoristes sont tristement connus pour être misérables dans leur vie privée. Bien que cela paraisse contradictoire au premier abord, cela a en réalité beaucoup de sens. Souvent, leur bataille contre une enfance douloureuse, des traumatismes passés, une dépression ou des dépendances les ont amenés à développer l'humour comme un outil permettant d'orienter l'attention des autres là où ils voulaient qu'elle aille. Cela devient un moyen de couvrir leurs propres blessures et talons d'Achille avec un bouclier protecteur. Le génie comique Dave Chappelle raconte comment il évitait taquineries et brimades lorsqu'il était enfant en revendiquant ses propres fautes avant que quiconque ne le fasse et en faisant rire. L'humour lui a permis de contrôler les réactions des autres.

Il s'agit d'ailleurs d'une stratégie de survie parfaitement valide pour tout enfant victime. Il n'y a rien de mal à enfiler un masque de comédie pour rester en vie, rester en sécurité et se protéger.

Le problème arrive souvent plus tard pour ceux qui durent adopter ce masque tôt dans la vie, car le masque lui-même devient ensuite douloureux à porter, voire paralysant. Au milieu de leur carrière, certains comédiens doivent passer d'un égocentrisme à un autre. Leur style de comédie peut rester le même, mais l'impulsion qui le sous-tend change. Ce qu'ils faisaient enfants et jeunes adultes pour être drôles n'était pas fait par choix, mais par nécessité. Avec un peu de recul, ces humoristes peuvent en venir à considérer leur rôle d'une manière différente. Ils peuvent choisir de voir leur humour comme étant au service de quelque chose de plus grand : un présent pour leur public et la communauté. Leurs stratégies de survie deviennent des cadeaux.

Lorsque vous êtes capable de rire avec authenticité d'une gêne ou d'une blessure passée, c'est signe que vous êtes en train de guérir. Lorsque vous pouvez rire de situations que vous aviez l'habitude de prendre très au sérieux – et pour lesquelles vous pouvez vous juger –, cela indique que vous n'utilisez plus ces situations pour construire ou alimenter votre identité. Lorsque vous regardez toujours les événements passés si sérieusement que vous n'êtes pas encore capable d'en rire, cela peut indiquer les endroits où vous avez encore du travail à faire.

Une partie du travail de déblocage de la rivière de nos vies émotionnelles consiste à permettre la libre circulation de la joie. Il est intéressant de noter que, même lorsque nous faisons semblant de rire alors qu'il n'y a rien de drôle, cela peut souvent se transformer en un rire authentique. C'est particulièrement vrai lorsque l'on pratique l'art du rire avec d'autres. C'est ce qui a donné naissance aux clubs de rire et au yoga du rire, où les gens se réunissent pour pratiquer une série d'exercices de rire qui se transforment très rapidement en une joie délicieuse, contagieuse et réelle. YouTube recèle de vidéos étonnantes d'inconnus débutant des « attaques de rire » dans des métros ou des bus bondés.

En résumé, nous ne nous laissons pas toujours libres de ressentir les bonnes choses. Peut-être croyons-nous que si nous nous fermons à nos émotions positives, cela repoussera également les émotions négatives. Mais ce n'est pas ainsi que cela fonctionne. Nous n'avons pas un corps émotionnel « de bons sentiments » et un corps émotionnel « de mauvais sentiments ». Ils sont une seule et même chose.

Alors, entraînez-vous à ressentir de la tristesse. Entraînez-vous à rire. Laissez couler vos larmes et s'envoler vos rires. Rien de tout cela ne vous définit.

LES DEUX LOUPS

Peut-être connaissez-vous déjà la célèbre histoire du grand-père recommandant à son petit-fils :

« À l'intérieur de chacun de nous existent deux loups, dit le grand-père, l'un est un loup de compassion et l'autre un loup de haine et d'égoïsme. »

« Grand-père, demanda l'enfant, s'ils se battent, lequel gagnera ? »

« Celui que tu nourris », répondit le vieil homme.

J'ai adoré cette histoire dès le premier instant où je l'ai entendue, et je compris immédiatement qu'elle m'enseignait qu'il me fallait nourrir le loup d'amour en moi. Puis, avec le temps, je saisis que l'histoire m'apprenait également que *les deux loups existent en moi*. Qu'ils existent en chacun de nous. L'amour inconditionnel ne consiste donc pas à choisir d'ignorer ou de détruire la haine ou l'égoïsme en nous, mais à avoir la volonté de voir et d'aimer *tout* de soi.

L'amour conditionnel ne voit que ce qu'il veut voir. Mais avec attention et sagesse, vous apprenez à regarder à la fois les ténèbres et la lumière. Comme dans le symbole du yin et du yang – deux moitiés d'un tout, égales, séparées, entrelacées, et chacune tenant un morceau de l'autre en elle. Vous avez en vous les deux des loups ; vous contenez les polarités de presque toutes les qualités opposées que vous pouvez imaginer. Mais vous ne leur permettez plus d'être en guerre les unes contre les autres.

Je m'accepte tel que je suis maintenant. Je suis les deux loups à la fois. S'aimer, c'est nourrir les deux. Je choisis cependant de ne pas les faire se combattre ; la guerre se termine en moi. Lorsque je m'ouvre à cette paix intérieure, sans nuage d'amour conditionnel, je me considère, moi-même et toutes mes relations, de façon très différente.

Entraînez-vous à dire « Je t'aime et je t'accepte » à tout, à l'intérieur de vous-même et à l'extérieur. Absolument tout. Vous n'êtes pas obligé d'aimer ce que vous acceptez ; il suffit de le reconnaître pour ce que c'est. Laissez circuler l'eau pure et vive de votre corps émotionnel. Remplissez votre verre d'un amour infini et inconditionnel.

* * *

Exercice : le corps émotionnel

Travailler avec les émotions peut être intense, aussi, tenir un journal peut s'avérer particulièrement utile pour les surmonter.

Commencez par considérer les conditionnements que vous avez pu acquérir au fil des ans au sujet des émotions. On vous a peut-être dit que vous étiez trop émotif. Ou peut-être avez-vous été domestiqué à croire que la logique est toujours plus importante que les émotions. Que signifient ces domestications pour votre corps émotionnel ? Comment vous limitent-elles ? Faites-vous « confiance » à vos émotions ? Si non, qu'est-ce qui vous manque ? Écrivez toutes vos pensées et vos sentiments à ce sujet. Et rappelez-vous : ce n'est pas un travail que vous devrez montrer à qui que ce soit, alors n'hésitez pas à être honnête et expressif.

L'équilibre est la clé. Vous apprenez ainsi à reconnaître quand le parasite a détourné vos émotions pour vous faire vivre dans la peur psychologique, tout en leur permettant enfin de vous traverser. Le but est de laisser vos émotions vous guider pour trouver et libérer ces conditionnements en cessant d'y croire et en opérant désormais à partir de choix conscients.

Un enseignant rencontré à Sacramento m'apprit un jour ce qu'était le pardon : « Le pardon est le moment où vous ne souhaitez plus que le passé soit différent, où vous acceptez que cela se soit produit et vous vous en défaites. »

*

*   *

Exercice : lettre de pardon

Le pardon peut être un défi, ce n'est donc certainement pas quelque chose qui peut être précipité ou forcé. Tout le travail que vous effectuez grâce à ce livre et au cours de ce voyage contribue à vous préparer au pouvoir du pardon, alors ne vous inquiétez pas si vous n'avez pas envie de réaliser cet exercice maintenant ; revenez-y lorsque vous vous sentirez prêt. Vous vous sentirez peut-être appelé à le répéter plus tard, et à l'avenir. C'est naturel, car nous avons tous un certain nombre de choses à pardonner et sur lesquelles nous devons œuvrer.

Reportez-vous au travail que vous avez effectué durant les précédents chapitres, en particulier les listes que vous avez faites dans votre journal au chapitre 2 et les histoires que vous avez examinées au chapitre 4. Vous pourrez y identifier ce qui bénéficierait d'un pardon, que ce soit pour vous-même ou pour les autres. Choisissez l'une de ces situations ou l'un de ces individus, en commençant peut-être par quelque chose de relativement simple et direct, avant de progresser en douceur vers les plus grands défis.

Lorsque vous avez clairement en tête une personne ou une situation, écrivez une lettre dans votre journal expliquant la douleur que vous avez subie ou causée et offrez votre pardon pour cela. Si vous souhaitez vous pardonner vous-même, adressez-vous la lettre. Voici une suggestion :

1. Décrivez l'incident : ce qui s'est passé, où, et qui était impliqué.
2. Expliquez ce que vous ressentiez au moment de l'incident et ce que vous ressentez maintenant en l'évoquant.
3. Offrez votre pardon (y compris à vous-même) et expliquez pourquoi. N'oubliez pas que le don du pardon est pour votre bien, pas pour celui d'un autre.

Assurez-vous de prendre votre temps. Vous voudrez peut-être travailler sur différentes sections de votre lettre à différents moments. Une fois votre lettre achevée, reconnaissez que vous êtes prêt à continuer votre vie et que vous ne voulez plus que cet incident vous gêne, vous contrôle, ou devienne une identité pour vous. Lorsque vous penserez à cet incident à l'avenir, vous pourrez toujours avoir des émotions, c'est tout à fait normal. Laissez-les simplement vous traverser puis rappelez-vous la lettre que vous avez écrite et que l'acte de pardon est pour vous.

*

* *

Exercice : récapitulation toltèque

Nous perdons énormément de temps et d'énergie à nous accrocher à des situations et à des expériences qui nous ont blessés d'une manière ou d'une autre, au point de créer un déficit dans la quantité d'énergie dont nous disposons pour d'autres choses plus joyeuses dans nos vies. Cette pratique de respiration, appelée récapitulation toltèque, vous permet de revenir à un événement dans votre esprit et de récupérer toute l'énergie que vous avez peut-être laissée derrière vous.

Cette technique utilise le pouvoir universellement reconnu de la respiration pour nettoyer les émotions négatives des souvenirs. Son but est de récupérer l'énergie émotionnelle que vous avez investie dans une expérience afin de vous en souvenir *sans avoir à la revivre*. Lorsqu'un souvenir est vidé de sa charge émotionnelle, il est neutre et ne peut plus être utilisé pour générer en vous de la souffrance. Vous retrouvez alors votre énergie émotionnelle afin de pouvoir aller de l'avant et guérir les blessures d'autres événements douloureux et traumatisants de votre passé. Cette pratique peut être répétée autant que nécessaire pour faire face aux expériences douloureuses.

Commencez par vous souvenir d'un moment précis où vous avez subi une profonde blessure émotionnelle. La liste établie au chapitre 2 peut servir de source d'inspiration. Cela peut faire référence à un moment où vous avez été maltraité physiquement, mentalement ou émotionnellement, ou de la fin d'une relation, le décès d'un être cher, un accident physique ou une maladie grave. Choisissez une expérience dont le souvenir suscite des émotions négatives. Cela peut s'avérer difficile, alors prenez votre temps.

Trouvez un endroit calme où vous pouvez vous asseoir confortablement ou vous allonger sans être dérangé pendant plusieurs minutes. Prenez quelques instants pour vous remémorer l'incident que vous avez choisi, ou écrivez-en les détails dans votre journal. Commencez ensuite par inspirer et expirer profondément. Ce faisant, concentrez-vous sur votre souvenir et permettez à toutes les émotions négatives que vous aviez ressenties alors de remonter en vous.

Observez tranquillement comment ces émotions se déplacent dans votre corps. Vous pouvez sentir votre peau rougir ou ressentir des palpitations dans votre estomac. Ce sont des manifestations physiques de l'énergie émotionnelle. Songez aux nombreuses fois où vous avez rejoué cet événement dans votre esprit en utilisant son énergie émotionnelle pour vous faire souffrir ou blesser les autres. Sur une inspiration, ramenez cette énergie à vous-même ; elle vous appartient et vous avez le droit de choisir où vous souhaitez l'utiliser à l'avenir.

Puis, expirez en gardant le souvenir clair dans votre esprit et en imaginant que votre corps pousse et libère toutes les émotions négatives qui lui sont reliées. Expirez votre tristesse, votre honte, votre peur, votre culpabilité, toute négativité qui surgit lorsque vous pensez à cette expérience. L'événement lui-même appartient au passé ; il ne peut plus vous faire de mal.

Continuez à respirer ainsi tout en repensant à la situation ou à l'événement : à chaque inspiration, vous récupérez votre énergie ; à chaque expiration, vous vous libérez de toute émotion négative. Continuez jusqu'à ce que vous sentiez que vous avez récupéré toute votre énergie et expulsé toute la négativité. Plusieurs séances peuvent être nécessaires pour traiter un seul souvenir. C'est parfaitement normal. Faites-en autant (ou aussi peu) qu'il est juste pour vous à chaque fois. Avec de la pratique, vous pourrez éventuellement invoquer le souvenir de l'expérience sans la revivre émotionnellement.

Lorsque cela se produira, vous saurez que vous avez réussi à vous libérer de son ascendance sur vous. Votre énergie, votre pouvoir, est maintenant à nouveau entièrement vôtre.

*

* *

Exercice : connexion à l'eau

Voici quelques suggestions simples qui peuvent aider à faciliter votre connexion au flux émotionnel et à la nature guérisseuse de l'eau :

Rituel du bain : Si vous avez accès à une baignoire, créez une soirée de détente et de nettoyage en réservant un moment spécial pour prendre un bain sacré et réparateur. Allumez des bougies, ajoutez des fleurs ou autres potions naturelles pour parfumer l'eau, écoutez de la musique apaisante et laissez votre corps se détendre complètement.

Visitez un plan d'eau naturel. Faites en sorte de le voir avec un regard neuf et curieux. Les lacs, les rivières et les océans ont tous une énergie d'une beauté unique lorsque nous prenons le temps de les remarquer. Les activités qui peuvent vous aider à vous connecter au pouvoir guérisseur de l'eau naturelle incluent nager, plonger vos mains dans l'eau et vous éclabousser le visage, chanter dans l'eau ou rester assis en silence tout en écoutant le chant naturel de l'eau.

CHAPITRE 6
LA PLACE DE L'AIR

Chaque fois que j'essaie de terminer un gros projet, un cours ou une conférence, ou même un livre comme celui-ci, je finis toujours à un moment donné par me retrouver inévitablement coincé. Mon excitation initiale s'est estompée. Ma volonté de tenir ma parole et de finir le travail est toujours là, mais cela ne m'inspire plus. Je suis assis à regarder les mots sur ma feuille ou mon écran, et mon esprit s'emballe. Je sais que mes pensées sont là, quelque part dans la brume, mais je ne sais pas comment y accéder. Puis, j'entends une petite voix douce en moi : *lève-toi.*

Bien que cela ne soit pas toujours facile, j'arrive désormais à suivre cette voix, même (ou surtout) quand cela n'a pas de sens logique pour moi. *Mets tes chaussures. Et va dehors !* Alors, c'est ce que je fais, même lorsque la voix parasite en moi essaie de me dissuader du contraire. *C'est inutile, où penses-tu aller ? Ton livre ne s'écrira pas tout seul pendant que tu te promènes !* Je ris et dis tout haut : « Qui sait ? Peut-être que si… » J'ai appris que plaisanter avec mon parasite contribue grandement à saper son pouvoir.

En respirant l'air extérieur, je sens mon corps s'alléger d'un poids. Le soleil picote délicieusement ma peau de sa chaleur; mes pieds prennent le rythme et je tente de me vider l'esprit de toute idée de destination particulière ou de toute attente quant à ma promenade. J'essaie de ne pas penser au fait que je suis créativement coincé, je ne tente pas de comprendre pourquoi. Au lieu de quoi, je recherche autre chose: la clarté de vision dont j'ai besoin pour continuer à créer.

Bientôt, je commence à fredonner, peut-être une chanson sur une journée de printemps ensoleillée, ou peut-être juste un air que j'aime. Je fredonne doucement d'abord, marchant au rythme de la chanson. Je sens que mon esprit commence à se réorienter vers le monde qui m'entoure. J'aperçois des détails que je n'avais pas remarqués la veille. J'entends le chant d'un oiseau qui était absent depuis l'année dernière. Je m'émerveille que seulement quelques instants plus tôt, j'étais assis, paralysé dans mon propre brouillard. Je commence à chanter. J'ai toujours aimé chanter, cela me semble merveilleux et me fait me sentir un peu vulnérable, comme si je révélais un bijou précieux caché en moi et l'offrais au monde. Comme un don. Je continue de marcher.

Très vite, je deviens ce fou que vous croisez dans la rue, chantant de tout son cœur et marchant joyeusement au soleil. Je suis indifférent à ce que les gens pensent; je ne suis plus inquiet pour le projet qui m'attend de retour à mon bureau. Je prends de grandes inspirations et chante à voix haute. Puis, d'un coup, l'idée me vient: je sais ce que j'ai à faire. Je devine intuitivement la prochaine étape qu'il me faut réaliser ou la prochaine idée qui doit figurer sur la page. Cet éclair de perspicacité est limpide. Je rentre presque en courant pour m'y atteler sur-le-champ.

Peut-être avez-vous votre propre version de cette histoire : un lieu qui vous inspire ou une simple activité qui vous aide à dissiper les nuages et vous offre une vision, une intuition, le juste message qui vous fera avancer. Si ce n'est pas le cas, veuillez considérer ce chapitre comme une invitation à trouver une telle source d'inspiration, car c'est le sentiment que vous recherchez lorsque vous entrez sur la place de l'Air lors de votre voyage vers la maîtrise de la vie.

INSPIRATION

L'air est directement relié au souffle. Comme le nagual, l'air est nécessaire à l'épanouissement de notre corps. Ainsi, nous pouvons dire que l'air est l'inspiration de la vie. En vérité, le mot *inspirer* vient d'un terme latin qui signifie « respirer ou souffler dedans ». Comme l'air emplit nos poumons, il nous inspire. La respiration est la vie elle-même, et l'inspiration et la créativité sont des actes de vie.

L'élément air représente également votre esprit, la partie de vous qui ne peut être mesurée sur aucune échelle ni avec aucune règle. C'est votre manifestation unique de l'énergie du nagual. Au cours de votre voyage, jusqu'à présent, vous avez été confronté à tout ce qui a pu causer des problèmes dans votre vie : la domestication, les traumatismes, le mental, les émotions obstruées et la manière dont elles alimentent vos peurs psychologiques. Le travail à faire, dans tous ces domaines, est continu. Mais sur la place de l'Air, vous faites une pause pour vous ressourcer et vous reconnecter à l'énergie du nagual. Cela vous apporte clarté et concentration, ouvre votre perspective sur ce qui est possible pour vous, et aligne votre vision et votre inspiration sur l'esprit de la vie lui-même.

La place de l'Air est l'endroit où vous perfectionnez votre métier d'artiste de votre vie afin d'être prêt lorsque la vie vous offre des opportunités. Une fois que votre vision est libérée de la confusion des vieux accords et des pièges répétitifs, une fois que vous avez maîtrisé votre conscience, vous êtes libre de prendre des décisions et de suivre de nouvelles voies en fonction de vos véritables préférences – ou selon votre curiosité. Vous êtes alors prêt à dire oui à la vie d'une nouvelle manière.

J'ai entendu un jour un professeur d'histoire de l'art dire que chaque révolution artistique est un retour au réalisme. Comment cela peut-il être vrai ? Le cubisme, l'art abstrait, l'impressionnisme, rien de tout cela ne ressemble à la « vraie » vie. Je pense que ce qu'elle voulait dire, cependant, c'est que chaque nouvelle génération d'artistes parvient à sa propre conscience de la meilleure façon de représenter la réalité de la manière qui lui semble la plus réelle.

De même, lorsque nous commençons à créer le chef-d'œuvre de notre propre vie, nous puisons dans un désir, inné en chacun de nous, de nous exprimer de manière nouvelle et authentique. Souvenez-vous : le mot *toltèque* signifie « artiste ». Et l'élément de l'air est lié à une vision claire et à la créativité. Il nous invite à nous exprimer en essayant des choses nouvelles et créatives.

Malheureusement, certains d'entre nous ont été domestiqués à croire qu'ils n'aimaient pas certaines choses sans même les avoir essayées. Elles nous ont peut-être été interdites ou furent ignorées dans notre enfance ou notre vie. Ces conditionnements faisaient peut-être partie du « style artistique » de nos parents et de ceux qui nous ont élevés. Mais il est important de remettre en question et peut-être de tester ces croyances par nous-mêmes afin de découvrir *ce qui est réellement vrai pour nous*. Nous provoquons ainsi une révolution artistique en nous-mêmes et sommes les pionniers d'un tout nouveau genre d'expression de soi.

Par exemple, un de mes amis a grandi sans musique ni danse. Ce n'était pas interdit par sa famille, cela ne faisait tout simplement pas partie de leur vie. Personne dans son entourage immédiat n'appréciait cela. Par conséquent, il n'a ressenti en grandissant aucune attirance ni pour la musique, ni pour la danse, ni même envisagé l'idée qu'il pourrait les apprécier un jour. Mais une fois adulte, il a commencé à pratiquer des exercices d'ouverture de conscience comme ceux décrits dans ce livre, et il remarqua que regarder d'autres personnes apprécier la musique l'intriguait. Il commença à remettre en question l'absence de musique et de danse dans sa propre vie, et décida qu'il voulait apprendre à jouer de la guitare. Après quelques leçons, il se rendit très vite compte qu'il aimait cela. Sa nouvelle appréciation de la musique lui ouvrit les portes d'un tout nouveau monde. Cela lui offrit plus de créativité, de joie et de présence dans sa vie. Cela le connectait à ses corps physique et émotionnel. Son oreille musicale se développa, et il se mit à écouter différents styles de musique. Il se mit même à percevoir les sons quotidiens autour de lui d'une nouvelle manière.

Votre conscience nourrit votre créativité et vous ouvre à une inspiration toujours en évolution tout au cours de votre vie. Remettre en question vos identités domestiquées, élargir vos perspectives et évoluer dans de nouveaux domaines, devenir plus pleinement conscient – voilà des caractéristiques clés de la liberté personnelle que vous recherchez à mesure que vous progressez vers la maîtrise de la vie.

POSSIBILITÉS INFINIES

La notion de possibilité infinie est une autre idée liée à l'élément de l'air. Pensez à la sensation que vous ressentez lorsque vous êtes debout au sommet d'une montagne face à un immense panorama. Vous pouvez presque voir la courbe de la Terre elle-même, alors que le vent fouette vos oreilles en rugissant. Combien vos sensations dans cet espace aéré sont-elles différentes de ce que vous pourriez ressentir enfoui dans la terre d'un nid souterrain chaud et douillet ou de ce que vous pourriez ressentir en nageant dans un lac frais et placide ? Chacune de ces sensations est importante et précieuse ; la clé est de savoir quand utiliser les outils de chaque élément. Vous pouvez faire appel à l'air pour vous accompagner lorsque vous souhaitez maîtriser les possibilités qui s'offrent à vous dans la vie.

Récemment, lors d'une randonnée en montagne près de chez moi, je me suis arrêté à l'un de ces points de vue. Une vallée profonde et large s'étendait à mes pieds, bordée de hautes montagnes. Alors que je me rapprochais du bord pour mieux voir, un faucon a rapidement fendu mon champ de vision, balayé par un fort courant ascendant. Il fut propulsé au-dessus de ma tête en quelques secondes. Je l'ai regardé jouer dans le vent, danser sur les courants et planer dans tous les sens, ou rester suspendu pendant de longs moments dans le ciel au-dessus de la vallée. J'ai remarqué les légers ajustements qu'il faisait avec ses ailes et son corps afin de rester stable en dépit des rafales de vent. S'il n'avait pas été aussi habile, il aurait sûrement été projeté contre une falaise ou forcé d'atterrir.

Et, pour lui, tout semblait si facile, si naturel. Mais la vérité est que maîtriser quelque chose, même ce pour quoi vous êtes peut-être né, prend du temps. Les circonstances de la vie changent constamment. Rester immobile peut sembler simple ou facile de l'extérieur, mais si vous êtes honnête avec vous-même, vous savez qu'il faut beaucoup de travail pour maintenir votre équilibre et rester aligné à votre cœur et à votre esprit.

Il fut offert à l'une de mes amies l'occasion de prendre sa retraite de façon anticipée – ce qui semblait être une trop belle opportunité pour la laisser passer. Après que son sentiment initial de liberté s'est dissipé, cependant, elle se retrouva vite à la croisée des chemins. D'anciens accords sur ce que signifiait « être vieux » ou « prendre sa retraite » ont envahi ses pensées quotidiennes jusqu'à lui faire regretter sa décision. Elle sentait que la route de la vie devant elle se raccourcissait et descendait. Puis, elle eut un sursaut de clarté : il y avait tellement de choses qu'elle voulait faire de sa vie, tellement de projets qu'elle avait longtemps ignorés ou mis de côté. Elle se souvint qu'aucun de nous ne sait combien durera le chemin qu'il lui reste, et que, ici même, dans le moment présent, cette route est plus longue qu'elle ne le sera jamais. Elle se mit alors à dire oui aux possibilités infinies de sa vie.

La place de l'Air vous invite à regarder en vous afin de vous assurer que vous vivez réellement la vie que vous souhaitez vivre. Si non, pourquoi ? Que pouvez-vous faire pour la transformer ? Et si vous ne pouvez vraiment pas changer votre situation, comment pouvez-vous changer votre état d'esprit à son sujet ? Quelles sont les autres opportunités qui s'offrent à vous à la lumière de ces circonstances ? Quel est votre potentiel ?

Le potentiel est un concept fascinant qu'il n'est pas aisé de comprendre. Peut-être que vous ne pouvez pas, ne serez pas ou ne ferez pas toutes les choses que vous voudriez être ou faire dans votre vie. Ainsi, dans un sens, vous pourriez dire que votre potentiel est limité par rapport à la vie elle-même. D'un autre côté, vous n'avez vraiment aucune idée de ce qu'est votre propre potentiel. En réalité, je dirais que ceux qui pensent connaître leur potentiel ou celui de quelqu'un d'autre sont probablement pris au piège d'une fausse croyance. Bien que vous puissiez effectivement avoir des limites, la vérité est que vous ne savez pas ce qu'elles sont.

Les graines de tous les futurs possibles sont tout autour de vous dans le moment présent. Dans les enseignements de ma famille, nous disons qu'il n'y a pas de résultat qui puisse exister dans le futur qui n'existe pas déjà sous forme de potentiel ici et maintenant. Vous avez déjà appris à traquer les anciens comportements et à les transformer. Mais vous pouvez aussi dénicher ces graines de potentiel, ces jeunes pousses fragiles. Vous pouvez être clair sur ce que vous recherchez. Et vous pouvez intuitivement apercevoir où elles existent déjà en ce moment, même si elles semblent presque invisibles. Ainsi, vous pourrez cultiver et nourrir l'avenir que vous désirez. Aujourd'hui, vous êtes plus jeune que vous ne le serez jamais et vous avez toute la vie devant vous, alors comment voulez-vous en faire l'expérience ?

GRATITUDE INCONDITIONNELLE

La tradition toltèque nous enseigne que chaque respiration que nous prenons est une expression de notre gratitude pour la vie elle-même. Nous inspirons l'inspiration et nous expirons la gratitude. Rappelez-vous : même lorsque vous n'êtes pas conscient de votre respiration, celle-ci se produit toujours.

Afin de percevoir ses possibilités infinies et d'être inspiré dans le moment présent, cependant, vous voudrez apprendre à développer de la gratitude pour tout. À certains égards, c'est plutôt facile. Nous sommes souvent reconnaissants pour nos proches, pour les bonnes nouvelles que nous recevons, pour notre propre santé et sécurité. La plupart d'entre nous sont facilement reconnaissants de ce que nous jugeons être « bon » dans nos vies. Mais dans la quête de la liberté personnelle, il vous faudra aussi apprendre à être reconnaissant pour le travail que vous *n'avez pas* obtenu ou la relation qui *n'a pas* duré. Pouvez-vous ressentir de la gratitude pour les blessures, les pertes et les défis ? Toutes ces expériences contiennent à la fois du « bon » et du « mauvais ». Et votre gratitude, comme votre amour, peut devenir inconditionnelle.

Par exemple, lorsque débuta la pandémie mondiale de Covid-19 en 2020, de nombreuses personnes furent confrontées à une énorme augmentation de leurs peurs et anxiétés normales. Peut-être que ces émotions n'étaient pas toujours dirigées vers elles-mêmes, mais aussi vers leurs proches – parents âgés, amis, collègues. La peur que les gens souffrent et meurent était très puissante et très réelle. Je connais une femme qui devint obsédée par la protection de ses parents âgés jusqu'à vouloir contrôler chacun de leurs mouvements. Sa peur empoisonnait leur vie, rendant tout le monde malheureux. Mais la peur peut aussi être un excellent professeur.

Cette amie me confia que ses parents refusaient énergiquement son aide. Ils s'étaient plus d'une fois disputés par téléphone. Elle pensait que c'était parce qu'ils avaient peur. J'ai suggéré que c'était peut-être parce qu'*elle* avait peur, et qu'elle répandait sa peur partout où elle allait, comme un gros nuage assombrissant. Je lui ai conseillé de prendre du recul et d'attendre un peu avant de téléphoner ou d'envoyer un texto à ses parents, pour faire appel à son sens de la discipline et l'entraîner. Et je l'ai encouragée, au propre comme au figuré, à purifier l'air en prenant de grandes respirations. Inspire, expire. J'ai alors souligné qu'elle pouvait être reconnaissante envers cette peur, qu'elle pouvait la reconnaître et explorer son message le plus profond grâce à la gratitude.

« Que penses-tu qui pourrait arriver ? » lui demandai-je.

« J'ai peur qu'ils tombent malades, admit-elle. J'ai peur qu'ils meurent sans moi là-bas. J'ai peur que mes enfants et moi restions seuls. »

Je l'invitai à retracer le fil de ses peurs jusqu'à leurs racines, où elle découvrit qu'elles étaient en réalité fondées sur de l'amour. Nous ne craignons pas que les gens meurent à moins que nous ne les aimions profondément, à moins que leur présence dans nos vies nous apporte joie et réconfort. Je l'ai donc encouragée à explorer cet amour.

« J'aime tellement mon père et ma mère, a-t-elle formulé. Je suis tellement reconnaissante que mes deux parents aient vécu jusqu'à ce jour. Et j'aime qu'ils fassent partie intégrante de la vie de mes enfants. »

Je l'incitai à être aussi précise que possible sur l'amour sous-jacent à sa peur – à respirer avec gratitude pour tous ces cadeaux de la vie, cet amour. Faire cela avant chacune de ses interactions avec ses parents l'aida à se rééquilibrer, en conséquence de quoi, leurs conversations à propos de leur sécurité durant la pandémie s'améliorèrent de façon radicale.

Lorsque vous travaillez avec la gratitude de cette manière, vous n'éliminez pas la peur, mais vous pouvez vous efforcer de la transformer en la réalignant avec une vision plus véridique des faits.

Vivre une vie basée sur la peur, c'est comme essayer de prendre soin d'un arbre coupé de ses racines ; il s'effondrerait au moindre coup de vent. À l'approche du printemps, vous désespéreriez à tenter de le maintenir en place en construisant toutes sortes de structures autour de lui pour lui apporter du soutien. Mais en fin de compte, ce ne sont que des corrections temporaires qui ne traitent pas le véritable problème. Un arbre doit être connecté à ses racines, et *les racines de la vie sont toujours l'amour*. Si vous êtes capable de reconnecter vos propres peurs à leurs racines, de trouver leur origine dans l'amour, vous pouvez transformer l'énergie de la peur et laisser l'arbre de l'amour éclater en une floraison d'inspiration, de nouvelle vie et de créativité.

CONNAISSANCE SILENCIEUSE

Une vision claire vous aide à vous connecter à votre intuition et à y puiser votre sagesse. Les Toltèques appellent l'intuition la *connaissance silencieuse*, ce type de connaissance ne provenant pas de l'esprit logique et rationnel. Nous pouvons presque tous nous souvenir d'une fois où, sans comprendre comment, nous avons « juste su » quelque chose qui n'avait alors aucun sens rationnel, mais qui s'est révélé vrai plus tard.

Bien qu'il y ait de la valeur dans la logique, le Rêve Planétaire actuel la tient en si haute estime que beaucoup d'entre nous ont été domestiqués afin de se méfier de la connaissance silencieuse en eux. La place de l'Air est l'endroit où vous apprenez à vous poser des questions importantes sur votre relation à cette connaissance silencieuse. Dans quelle mesure vous sentez-vous connecté à votre intuition ? Recevez-vous des messages de sa part et l'écoutez-vous régulièrement ? Ou la rejetez-vous comme si elle n'était qu'imagination, lui préférant une approche plus logique ? Apprendre à écouter et à se connecter à notre connaissance silencieuse – qui est au-delà de toute réflexion mentale – est l'un des aspects clés de la maîtrise de la vie. Il est donc important que vous examiniez toutes les idées domestiquées que vous pourriez avoir à ce sujet.

Si vous vous sentez déconnecté de votre intuition, j'ai de bonnes nouvelles : votre connexion s'améliorera naturellement si vous pratiquez les exercices suivants. En reconnaissant et en renonçant aux conditionnements inutiles et aux voix de votre mitote, et en vous libérant de tous vos blocages émotionnels afin de laisser circuler vos émotions, vous vous ouvrez à une forme de connaissance qui vous fut toujours disponible, mais que vous n'avez peut-être pas pu entendre jusque-là. Les guerriers toltèques expérimentés vous diront presque tous que puiser dans la connaissance silencieuse est l'un des plus grands avantages de cette voie, car l'intuition est une perception non corrompue par l'histoire du parasite. C'est la vérité qui est perçue par le nagual.

On me demande souvent comment reconnaître quand un message provient de notre intuition ou des peurs de notre petit moi. Cela peut être difficile à discerner au début, mais je peux vous assurer que cela devient plus facile à mesure que vous vous entraînez. Souvenez-vous : c'est la pratique qui fait le maître.

L'autre bonne nouvelle est qu'en apprenant à vraiment vous écouter, vous devenez meilleur dans l'écoute en général. Ainsi, l'intuition n'est pas seulement un cadeau pour vous, c'est aussi un cadeau pour les autres.

* * *

Exercice : vision claire et potentiel

Nous sommes les artistes de nos vies ; pourtant, nous nous enlisons souvent dans d'autres choses et oublions de faire ce qui fait chanter nos cœurs. Ou pire, si nous ne sommes pas habiles à cultiver notre propre joie, nous ne saurons peut-être même pas ce qui fait chanter nos cœurs parce qu'ils seront silencieux depuis trop longtemps. La place de l'Air vous invite à changer cela et à vous reconnecter avec une vision et un potentiel clairs.

Pour cet exercice, dressez deux listes dans votre journal. Dans la première, énumérez les choses que vous savez déjà aimer faire et qui apportent de la joie dans votre vie. Par exemple, peindre ou dessiner, jouer d'un instrument de musique ou chanter en groupe, faire de la randonnée ou du camping, jardiner, être actif dans une communauté ou faire du bénévolat, aller à des concerts, lire des romans.

Dans la deuxième liste, notez toutes les choses que vous pensez aimer faire, mais que vous n'avez pas encore essayées. Par exemple, avez-vous toujours voulu prendre des cours de salsa ? Aimeriez-vous voyager en Inde ? Écrivez-les toutes, quelles qu'elles soient.

Maintenant, étudiez votre première liste, tout ce que vous savez aimer faire, et encerclez ce que vous avez réellement fait au cours du dernier mois. Combien de choses sur cette liste avez-vous faites et à quelle fréquence ? Nous ne prenons pas toujours le temps de prioriser ce que nous aimons. Prendre conscience de la façon dont vous passez votre temps peut vous inciter à faire des ajustements. Quels éléments de cette première liste pouvez-vous programmer pour le mois prochain ? Étudiez maintenant votre seconde liste. Qu'est-ce que vous n'avez pas encore fait que vous pourriez inscrire sur votre emploi du temps dès maintenant ? N'oubliez pas : vous êtes l'artiste de votre vie. Il est temps de prioriser le fait de profiter de la vie et d'en faire le thème central de votre chef-d'œuvre.

*

* *

Exercice : renforcer votre intuition

Vous pouvez renforcer vos compétences intuitives d'une manière simple qui vous sera très utile. Alors que certaines de vos histoires les plus puissantes concernant l'intuition peuvent être basées sur des événements importants, la grande majorité d'entre elles sont probablement liées à des événements quotidiens mineurs. En vous concentrant sur ces moments de prise de décision intuitive plus anodins et moins dramatiques, vous pouvez réapprendre à écouter la voix de votre sagesse silencieuse et à discerner quand des décisions plus importantes doivent être prises. Voici une courte liste de suggestions pour prêter attention aux « éclairs » intuitifs que vous rencontrez tout au long de votre journée :

- Allez vous promener et voyez si vous pouvez vous concentrer sur le désir intuitif de votre corps d'emprunter une route plutôt qu'une autre. Soyez attentif à ce que vous voyez le long de cette route.
- Voyez si votre intuition vous invite à prendre un chemin différent pour vous rendre au travail, à l'école, à l'épicerie, etc.
- À l'heure du repas, prenez quelques minutes pour vous concentrer sur votre corps. Voyez si vous pouvez ressentir ce qu'il souhaite à ce moment-là, plutôt que ce que votre esprit pense que vous « devriez » manger.
- Le matin, prenez votre livre préféré et ouvrez-le au hasard. Lisez quelques phrases et voyez si elles apportent de la clarté par rapport à votre journée au fur et à mesure que vous avancez dans votre routine.
- Créez de l'art intuitif en utilisant des crayons et du papier. Tracez des lignes et coloriez comme vous vous sentez guidé à le faire, en ignorant tout jugement mental.
- Chaque fois que vous êtes confronté à un choix mineur (quelle chemise porter, par exemple), prenez une minute pour voir si vous vous sentez attiré par une option spécifique et suivez ce sentiment.

*

*   *

Exercice : se connecter à l'air

Voici quelques courts exercices qui peuvent faciliter votre connexion à la clarté et à la vision de l'air :

Exercice de respiration : Il existe bon nombre de méthodes permettant d'utiliser votre respiration. Si vous en avez déjà une qui fonctionne bien pour vous, continuez à la pratiquer. Si vous débutez, prenez quelques minutes pour fermer les yeux et vous concentrer sur votre respiration. Asseyez-vous en silence et comptez jusqu'à 3 ou 4. Inspirez lentement, retenez votre respiration doucement pendant 3 ou 4 temps, puis expirez lentement. Votre respiration est l'un des moyens les plus puissants pour vous amener à ressentir la présence du nagual dans votre corps physique.

Aérer : L'air stagnant peut vous affecter de plusieurs manières négatives. Vous pouvez devenir grincheux ou vous sentir triste, et ce, sans savoir pourquoi. C'est qu'il est temps de laisser entrer un peu d'air frais ! Ouvrez vos fenêtres et laissez le vent souffler dans votre habitation ou votre bureau afin d'évacuer les vieilles énergies et éclaircir votre vision. Ou mieux encore, sortez vous promener. Se tenir au sommet d'une colline après une ascension revigorante, respirer l'air frais et regarder le paysage peut vous donner un grand sentiment de rafraîchissement et vous offrir de nouvelles perspectives.

CHAPITRE 7
LA PLACE DU FEU

Le feu est essentiel à l'existence humaine. Développer la capacité de faire du feu à volonté a permis à nos ancêtres de rester en vie et en bonne santé en affrontant saisons et climats froids. Aujourd'hui, nous exploitons le feu sous forme d'électricité, dont nous dépendons en grande partie dans notre vie quotidienne et dont nous oublions souvent l'importance, jusqu'à ce que nous en soyons momentanément privés. Mais même dans nos vies modernes et branchées, beaucoup d'entre nous ressentent encore l'instinct naturel de s'asseoir autour d'un feu nocturne à ciel ouvert – un moment de magie confortable, sauvage et magnifique.

Pourtant, nous savons que le feu peut aussi être une force incroyablement puissante et destructrice, capable de raser des milliers d'hectares de forêt, nous privant de nos habitations et parfois de nos vies. Chaque fois que nous flambons une allumette ou que nous allumons la moindre bougie, cette puissance impressionnante est présente, avec toute la force de son potentiel de vie et de mort.

Nous faisons donc au mieux pour trouver un équilibre avec le feu dans notre vie de tous les jours. Nous avons besoin du feu, de sa chaleur et de la vie qu'il procure, mais nous devons être vigilants pour l'empêcher de brûler de façon incontrôlée.

Dans la tradition toltèque, le feu représente le désir et la passion dans toutes leurs manifestations. Le feu nous invite à comprendre que nous ne faisons qu'un avec la vie, avec le nagual lui-même. Le feu est, en bref, une expression d'être joyeusement et brillamment vivants. Mais tout comme avec le feu physique, nous devons travailler pour maintenir cette force puissante en nous dans un équilibre sain. Nous devons honorer nos désirs et nos passions tout en les tempérant avec la discipline requise afin qu'ils ne deviennent pas un enfer d'obsession qui fait rage. Le guerrier toltèque applique les compétences de la conscience de soi et de l'équilibre pour parcourir cette voie médiane.

Il existe un stéréotype décrivant les maîtres spirituels et les personnes « éveillées » comme ayant transcendé tout désir, comme si elles passaient désormais le reste de leur vie assises quelque part dans un bonheur serein, immobile et silencieux, possiblement même au sommet d'une montagne ! Mais ce n'est pas du tout le cas. Certains *sont* silencieux, mais d'autres peuvent être bruyants, pleins d'entrain et flamboyants. Ils peuvent se lancer dans une danse sauvage spontanée ou remplir une pièce de leur rire effréné. Atteindre la maîtrise spirituelle, ce n'est pas nécessairement perdre tous les désirs. La clé est de faire que *nos désirs ne nous contrôlent plus ou ne nous définissent plus.*

Lorsque vous entrez sur la place du Feu, vous le faites en comprenant que la passion, le désir et l'obsession ne sont pas des sujets légers. Mais lorsque vous apprenez à traiter le feu en vous avec conscience et respect, vous atteignez non seulement la maîtrise de cet aspect critique de votre vie quotidienne, mais aussi la capacité de brûler tout ce qui ne vous sert plus dans votre vie.

PASSION ET DÉSIR

Alors que certaines traditions spirituelles enseignent que le désir est néfaste (en particulier en ce qui concerne la sexualité), la tradition toltèque le reconnaît comme fondamentalement bon, car rien au monde ne se produirait sans lui. Dans notre cosmologie, c'est le désir du nagual qui permit la création du monde.

Il est important de comprendre à quel point le désir est primordial. Lorsque les Toltèques affirment que c'est le désir du nagual qui a créé le monde, ils veulent dire que l'énergie de base de la vie – la vie elle-même – *est* le désir. Sur un plan purement biologique, bien sûr, c'est indéniablement vrai. La continuation de notre espèce serait impossible sans désir. Mais au-delà de cet aspect, le désir est l'étincelle qui motive tout mouvement, toute innovation, toute création ; sans lui, il n'y aurait que stagnation.

Le feu, la passion et la créativité sont inextricablement liés. La créativité elle-même n'existerait pas sans désir. Le désir et la passion sont à la racine de chaque œuvre d'art qui vous a jamais touché. Chaque morceau de musique, chaque roman époustouflant, chaque instant où un exploit incroyable a fait bondir votre cœur… tout a commencé par un désir.

Le désir est la force poussant chaque nouveau semis à travers le sol vers la nourriture de la pluie et du soleil. Il inspire chaque percée médicale. Il pousse chaque baleine à bondir hors de la mer et dans les airs. Il fait prospérer les communautés et encourage le frisson de nouvelles relations. Cette force motrice incroyable influence tous les aspects de nos vies.

Êtes-vous conscient des activités qui font chanter votre cœur ? Quand, où, et avec qui vous sentez-vous le plus heureux ? De ce qui vous attire et vous inspire ? De ce qui vous fait vibrer ? C'est l'occasion pour vous de découvrir et de revendiquer ce qui crée ce sentiment de joie authentique et sans retenue dans votre vie. Faites-vous ces choses régulièrement ? Si non, pourquoi ? Comment pouvez-vous réorganiser votre vie de manière à nourrir vos passions et vos désirs ?

Bien sûr, le désir peut se déformer lorsqu'il prend racine dans l'île de la Sécurité, dans votre petite identité. Lorsque cela se produit, votre désir n'est plus un souhait joyeux ; il nourrit un besoin de l'ego. C'est souvent le cas lorsque vos désirs sont liés à votre statut social et à vos possessions matérielles. Mais, tout comme vous devez équilibrer votre conscience en sachant qu'un feu manipulé maladroitement et sans précautions a le potentiel de vous brûler tout autant qu'il peut être source de beauté et de chaleur, vous devez également apprendre à savourer et à apprécier la joie et l'émerveillement purs qu'une approche équilibrée du désir peut apporter à votre vie.

SEXUALITÉ

Il est également crucial de reconnaître et d'explorer la dimension du désir et de la passion qui inclut la sexualité. Beaucoup d'entre nous ont grandi avec une variété de domestications et de croyances limitantes autour de la sexualité, et malgré des décennies de livres et de mouvements sociétaux visant à libérer et à restaurer une approche saine de cet aspect de nos vies (de grands progrès continuent d'être réalisés), cela reste un sujet difficile pour beaucoup. Certaines traditions culturelles et religieuses enseignent encore que le plaisir sexuel est un péché et antispirituel. Et ironiquement, cette aversion se reflète également dans certains mouvements spirituels et de développement personnel contemporains. Dans ce dernier cas, tout sens du désir sexuel est soit occulté au profit de généralités, soit perçu comme étant associé au corps et donc comme devant être transcendé au profit du mental, de l'âme ou de l'esprit.

Ce n'est pas ce qu'enseigne la voie toltèque. Notre tradition considère la sexualité saine comme une expression physique quasi directe du nagual, de la force vitale et de la créativité. Lorsque le feu de la sexualité est équilibré, il est juste, splendide, vivifiant, et c'est un merveilleux cadeau. Mais la plupart d'entre nous ont grandi enracinés dans un tabou culturel, et il n'est pas aisé d'aborder ce sujet. Cette réticence est profondément enfouie en chacun de nous, et il faudra du temps pour la surmonter. Mais il est important d'apprendre à parler de sexualité et d'examiner les conditionnements et domestications qui l'entourent afin de nous créer une future vie sexuelle exempte de honte et de culpabilité. Ce n'est qu'alors que nous pourrons atteindre la véritable liberté personnelle. Notre objectif est d'aborder la sexualité avec un sentiment de curiosité, de joie, de présence et de détachement afin de ne pas tomber dans le piège de l'autopunition.

Il y a deux façons de considérer le sexe : la première le relie à l'acte d'amour ; la seconde à la biologie et au genre – par exemple, nos croyances et nos domestications autour de ce que signifie « être un homme », ou « être une femme », ou toute autre expression de genre au-delà du binaire.

Beaucoup de gens, peut-être la plupart, créent une partie de leur identité autour de leur sexualité ou d'un de ses aspects (et cela inclut également l'asexualité et le célibat). Souvenez-vous : ce n'est ni bien ni mal. Telle est simplement la situation actuelle dans le Rêve Planétaire. Le travail sur la place du Feu, comme sur chaque place que vous explorez, consiste à appliquer les compétences de votre conscience à votre vie intérieure afin de discerner où et quand vous vous attachez à ces identités et où elles peuvent causer de la souffrance dans votre vie. Vous accrochez-vous à de vieilles idées et croyances qui nécessiteraient une remise en question plus approfondie ? Certaines de vos croyances, hypothèses et domestications doivent-elles être modifiées ou libérées ? Voici quelques questions qui peuvent vous aider à découvrir les conditionnements sous-jacents liés à l'expression de votre sexualité :

- *Suis-je capable de parler librement de sexe avec mon/mes partenaire(s) ? Si non, pourquoi ?*
- *Est-ce qu'une partie de mon identité et de ma valeur dépend de mes prouesses sexuelles – mon niveau d'expérience ou le nombre de partenaires que j'ai eus ?* Dans notre culture, cela est particulièrement fréquent chez les hommes, mais cela se produit tout aussi bien chez les femmes.
- *Est-ce que j'utilise parfois le sexe comme un moyen d'obtenir ce que je veux ?* Ce comportement n'est intrinsèquement ni positif ni négatif, à moins que vous ne soyez trompeur à ce sujet. Si tel est le cas, quelles conséquences cela pourrait-il avoir pour vos relations ?

Votre journal peut s'avérer particulièrement utile dans ce travail, car il vous offre un lieu privé et sécurisé où vous être libre d'explorer pleinement vos pensées et vos sentiments autour de ces questions. Et si vous vous sentez à l'aise, vous pouvez également engager votre partenaire dans une conversation exploratoire. L'objectif principal est de pouvoir créer une vie sexuelle passionnée, consensuelle, exempte de culpabilité et de honte, engagée dans une conscience ouverte et libérée de toute vieille croyance et domestication. L'âme de l'intimité s'épanouit lorsque nous guérissons les blessures sources de peur, de culpabilité et de jugement dans l'expression naturelle de notre sensualité. Profiter de notre sexualité, c'est être libre de ressentir et d'apprécier notre sensualité.

Il est également important de considérer vos idées sur ce que signifie être une personne de votre sexe. Différentes cultures traitent chaque genre de manière différente. Voici quelques questions que vous pouvez vous poser pour explorer ce sujet :

- *Que signifie pour moi d'être un homme ou une femme ?*
- *De quelles manières mes propres croyances et domestications autour des genres influencent-elles mon comportement ?*
- *De quelles façons ces domestications m'ont-elles limité par le passé, et aujourd'hui encore ?*
- *Quelle influence mon genre biologique et l'identification qui en découle ont-ils eue sur l'identité que je me suis créée ?*

Cette dernière question peut être délicate, car l'association à un genre biologique et son expression sont parfois si enracinées qu'il peut être difficile de voir exactement où elles font partie de votre identité, ou même comment le Rêve Planétaire a influencé vos idées à leur sujet.

On en trouve une parfaite illustration dans l'utilisation des couleurs associées aux genres désormais devenues « traditionnelles » : rose pour les filles ; bleu pour les garçons. Mais ces couleurs étaient à l'origine vues d'une manière complètement opposée. Au début des années 1900, le rose était considéré comme la couleur la plus « puissante » et convenait donc aux garçons. Le bleu était considéré comme la couleur la plus « douce » et convenait donc aux filles. Au fil du temps, et pour diverses raisons, les associations de ces couleurs furent inversées. Aujourd'hui, ces affectations arbitraires font tellement partie de notre compréhension de ce que signifie être un homme ou une femme qu'un homme peut grandir dans la honte de porter une chemise rose, qui ne le rendrait pas « viril ».

Cela montre clairement comment les croyances, les pensées, les préférences et les idées qui font partie du Rêve Planétaire sont toutes basées sur nos accords du moment, et rien de plus. Et, bien sûr, ces accords de genre enracinés s'étendent à de nombreux autres aspects de nos vies beaucoup plus profonds, nous influençant dans tous dans les domaines : la carrière, la division des tâches ménagères, la confiance en soi, la reconnaissance des compétences, etc.

OBSESSION

Lorsque la passion et le désir passent d'un feu bien entretenu à un enfer déchaîné, nous rencontrons alors la conséquence négative du désir : l'obsession.

L'obsession est une expression de l'amour conditionnel. Lorsque l'obsession vous contrôle et incline votre désir et votre passion vers une direction destructrice, vous pouvez avoir des jugements négatifs envers vous-même qui influenceront ensuite vos actions. *Si je n'obtiens pas ce travail, c'est vraiment que je ne suis bon à rien. C'est ma seule chance de trouver le bonheur. Si je ne suis pas marié à 35 ans, je serai seul pour toujours, et cela prouvera que je ne suis pas digne d'être aimé.* Ces ultimatums et bien d'autres, profondément ancrés en nous par domestication, peuvent transformer nos désirs et nos rêves en conditions dans lesquelles nous devons réussir à tout prix. Et ce n'est pas la liberté.

J'ai mentionné plus tôt dans ce livre comment la comparaison et la concurrence peuvent alimenter l'enfer de l'obsession. Prendre conscience de votre tendance à vous comparer et à rivaliser avec les autres peut donc vous aider à découvrir les endroits où votre passion et votre désir authentiques ont été déformés. Dans le Rêve Planétaire actuel, la comparaison et la compétition sont souvent perçues comme des forces qui nous font avancer, mais cela n'est vrai qu'à court terme.

À long terme, elles sont beaucoup plus susceptibles de conduire à plus d'autojugement ou de vous enfermer dans un faux sentiment d'identité – votre « moi » domestiqué. Au fur et à mesure que votre dépendance à l'égard de votre petite identité se renforce (par comparaison et concurrence), vous risquez d'être empoisonné de ressentiment envers le succès des autres, comme si la vie était une compétition à gagner à tout prix. Vous êtes également susceptible de vous blâmer et de vous haïr lorsque vous manquez la cible.

Tentez d'identifier toutes les petites manières dont vous rivalisez avec les autres, que ce soit au travail, dans votre famille ou dans les cercles sociaux. Prenez conscience des comparaisons que vous faites au sujet des possessions matérielles, des revenus ou des attributs physiques. C'est une habitude mentale dont nous souffrons presque tous. Mais lorsque vous y cédez, vous créez finalement plus de souffrance pour vous-même, car c'est un jeu que vous ne pouvez jamais vraiment gagner. Lorsque vous y jouez, vous perdez votre clarté et votre sens de l'unité – en vous-même, avec les autres, avec tous les êtres vivants et avec l'univers lui-même.

Pour transformer ce comportement habituel, commencez par remarquer quand votre esprit s'y adonne, puis remplacez ces jugements par la lumière de l'amour inconditionnel. Lorsque vous abandonnez simplement le récit de comparaison et de concurrence en le reconnaissant et en apportant de l'amour à vous-même et aux autres, vous entamez le processus de transformation, car vous vous souvenez alors que nous faisons tous partie du nagual.

Je peux vous dire par expérience qu'il est tout à fait possible de poursuivre vos rêves et vos passions avec l'amour *inconditionnel* comme force motrice. Lorsque cela se produit, vous appréciez non seulement la réalisation de ce rêve, mais aussi sa poursuite. Vous êtes en mesure d'apprécier et d'accepter le flux naturel de la vie, même si votre rêve ne doit jamais se réaliser. La libre expression du désir fondée sur l'amour inconditionnel vous permet de célébrer le succès des autres comme le vôtre. Les guerriers toltèques se concentrent sur leur moi intérieur et savent qu'ils obtiennent toujours exactement ce dont ils ont réellement besoin, et que les autres également obtiennent toujours ce dont ils ont vraiment besoin.

Pour être clair, cela ne signifie pas que vous ne devriez pas apprécier les situations de compétition saine, pour le plaisir, comme dans les jeux ou les sports. Pour ma part, je suis très passionné quand je joue à un jeu ou regarde du sport, et la compétition y ajoute définitivement un élément d'excitation. La différence est que, lorsque le jeu ou l'événement est terminé, *la compétition dans mon esprit prend également fin*. Je fais attention à ne pas prendre les résultats du jeu au sérieux et à ne pas en faire une condition de mon bonheur et de mon acceptation de moi-même.

La place du Feu nous apprend l'art de l'équilibre. Lorsque vous avez une passion pour quelque chose, un grand désir pour cela, demandez-vous si cela nourrit principalement votre petit moi, votre ego ; ou si cela vous apporte réellement de la joie ? Parfois, la réponse peut être les deux à la fois. Lorsque c'est le cas, n'oubliez pas de vous concentrer plutôt sur la joie.

LE DON DE LA DESTRUCTION

Nous savons tous que le feu peut détruire – qu'il consume quelques branches de cèdre dans un feu de camp ou plusieurs milliers d'hectares de nature sauvage. Mais il est également vrai que la destruction elle-même est une partie naturelle et nécessaire de la vie.

Pour les cultures indigènes des Amériques, le feu est depuis toujours un pilier important de la vie cérémonielle, ainsi qu'un moyen de préserver le paysage naturel. Le brûlage contrôlé de la végétation à certaines périodes de l'année ou selon des cycles pluriannuels était, et est toujours, au cœur de notre gérance des terres. Il perpétue la chaîne alimentaire naturelle et contribue au maintien d'écosystèmes essentiels. En revanche, de nombreuses pratiques de gestion des terres interdisent aujourd'hui tout type de brûlage – ce que les services forestiers commencent tout juste à questionner, en particulier depuis plusieurs saisons d'incendies de forêt dévastateurs dans l'Ouest américain. D'un point de vue scientifique, il existe de nombreuses preuves pour soutenir la pratique des feux contrôlés. Ils éliminent les broussailles, les plantes malades et les parasites ; ils restituent au sol des minéraux importants et créent un nouvel espace dans lequel les jeunes pousses peuvent plus facilement accéder à la lumière du soleil et à l'eau. De plus, certains arbres comme les séquoias géants ne se reproduisent qu'à l'aide du feu.

Vous pouvez également cultiver un respect pour ce genre de destruction, en particulier pour la manière dont cela prépare le paysage de votre vie à la renaissance. Bien sûr, je reconnais que cela est plus facile à dire qu'à faire, en particulier lors de la période initiale de chaos où tout semble soudain s'effondrer, comme lorsque vous perdez un emploi ou qu'une relation prend fin. Néanmoins, ces expériences peuvent vous permettre d'acquérir une nouvelle perspective sur la justesse de la destruction, qui vous apportera un peu de réconfort et la force d'aller de l'avant.

Par exemple, il y a de nombreuses années, j'ai vécu un moment de lucidité particulièrement profond à la suite d'une rupture difficile. La rupture elle-même était si douloureuse qu'elle me fit peur, et je n'osais plus m'impliquer à nouveau dans une relation amoureuse. C'est un mécanisme de défense courant face à la douleur et, malheureusement, nous ne pouvons pas précipiter le processus de guérison, même lorsqu'il est insoutenable. Nous devons traverser la douleur et lui permettre de circuler à travers nous. Cela peut être une sorte de moment d'« abandon au feu ». Mais, comme je l'ai découvert, lorsque nous nous donnons la permission et le temps de laisser l'élan brûlant de l'émotion poursuivre son cours, il est souvent suivi de près par une période de guérison profonde.

Après une expérience aussi puissante, nos vies peuvent ne pas revenir à la « normale ». Mais une fois de l'autre côté, nous constatons souvent que nous ne voudrions pas y retourner. Si nous les suivons, ces douloureux processus nous aident à avancer vers le prochain chapitre de notre vie. Dans le cas de ma rupture, par exemple, je pus y apprendre d'importantes leçons sur moi-même qui m'ont ensuite aidé à devenir la personne dont ma femme est finalement tombée amoureuse.

Vous affrontez vos peurs après un chagrin ou une perte d'amour en prenant encore plus profondément conscience que *vous êtes la source de l'amour*. Cela ne vient pas de l'extérieur. Une fois que vous avez supprimé la peur de l'équation, vous acceptez le fait que parfois les gens nous quittent – c'est ainsi. Vous pouvez laisser la destruction être ce qu'elle est et ne pas essayer de la contrôler. C'est normal d'avoir le cœur brisé et de ressentir une grande douleur lorsque l'on perd quelqu'un. Mais vous n'avez pas à conclure de nouveaux accords défectueux motivés par la peur d'être à nouveau blessé.

Le secret est d'embrasser l'idée de permettre à l'élément du feu de brûler ce dont vous n'avez plus besoin, et de le faire consciemment. Qu'avez-vous besoin de brûler et de faire disparaître de votre vie pour laisser place à une nouvelle croissance ? Je vous invite à prendre un moment maintenant pour identifier une seule croyance que vous avez utilisée pour renforcer votre identité factice et permettre au feu métaphorique de l'amour inconditionnel de le brûler, vous laissant plus libre et plus à même de saisir de nouvelles opportunités et des perspectives qui vous servent mieux.

Le feu est un élément dynamique et complexe, à deux visages, offrant à la fois la créativité et la destruction. De même, ses enseignements seront audacieux et difficiles. Mais lorsque vous l'abordez avec conscience et sens de l'équilibre, vous constatez alors que la vie devient pétillante, s'épanouissant comme une magnifique fleur alimentée par son désir naturel d'embrasser la joie de la chaleur du soleil.

* * *

Exercice : allumer l'étincelle de vie

Le nagual circule librement dans tous les éléments et tous les êtres vivants. Mais parfois, il est plus facile de le visualiser sous sa forme de feu : telle une lumière ou une énergie rayonnante se déplaçant à travers vos cellules, de l'électricité crépitante ou une boule de feu et de chaleur dynamique au centre de la Terre, attendant que vous vous connectiez à elle afin d'user de son énergie pour faire de votre vie un chef-d'œuvre. Au sens métaphorique, vous pouvez sentir l'énergie motivante du feu nagual vous encourager à dire oui à la vie, à danser, chanter et bouger avec exaltation et enthousiasme. Et au sens littéral, vous pouvez également apprendre à ressentir cette énergie avec votre corps en vous connectant au nagual au cœur du monde naturel.

Pour cet exercice, trouvez un endroit en extérieur où vous pouvez être à l'aise et ne craignez pas d'être interrompu pendant un certain temps. Si vous pouvez être en contact physique avec un élément de la nature, tant mieux : asseyez-vous dos à un arbre, sur un gros rocher, ou les pieds nus dans l'herbe. Installez-vous et respirez profondément. Abandonnez toutes les inquiétudes ou anxiétés qui pourraient vous empêcher de pleinement vivre le moment présent. Étirez votre colonne vertébrale et laissez votre tête reposer doucement dans son axe, de sorte que vous vous sentiez détendu, mais soutenu dans une position aussi droite que possible.

Imaginez maintenant que vous êtes un circuit électrique conducteur entre le feu du ciel et le feu au cœur de la Terre. Imaginez qu'un rayon d'énergie solaire traverse votre tête et votre colonne vertébrale, s'enfonçant jusqu'au cœur de la Terre. Là, il se fond dans la boule de lumière, de chaleur et d'énergie au centre de la planète, et s'y mêle avant de retourner dans votre corps par la base de votre colonne vertébrale, remontant vers votre tête jusqu'au ciel. Cette énergie se déplace sans interruption – du ciel vers la terre et de la terre vers le ciel – dans une incessante danse de lumière, de mouvement et de vie pure.

Autorisez cette énergie à circuler librement afin d'infuser tout votre corps et d'éliminer les zones d'ombre ou les énergies stagnantes. Vous êtes en sécurité dans une sphère de lumière dorée, vibrante et guérisseuse. Rien ne vous en sépare. Elle est présente à tout moment dans votre corps, dans le Soleil et dans la Terre. C'est juste que vous ne le remarquez que maintenant. Vous pouvez même ressentir un léger picotement ou une chaleur au niveau de la peau alors que votre corps accueille cet afflux d'énergie vitale vivifiant. Restez silencieux pendant quelques minutes. Vous n'avez pas besoin de « faire » quoi que ce soit. Sentez simplement l'énergie circuler et ressentez votre connexion à la Terre.

Lorsque vous êtes prêt à arrêter l'exercice, imaginez la boule de lumière qui vous entoure se faire plus petite, jusqu'à devenir une minuscule lueur radieuse dans votre plexus solaire. Elle laisse derrière elle une étincelle de lumière nourrissante dans chaque cellule de votre corps, qui est ensuite doucement libéré vers le ciel ou dans la terre. Prenez quelques respirations plus profondes avant d'ouvrir les yeux et de vous étirer. Si vous ressentez un trop-plein d'énergie, comme si vous aviez bu une tasse de café de trop, vous pouvez ancrer cet excès d'énergie en plaçant vos mains directement sur la terre et en imaginant y déverser le surplus dont vous n'avez pas besoin ; il y sera recyclé afin de nourrir et d'animer tout être vivant.

Sachez que, même une fois votre énergie libérée dans le monde, le nagual s'écoule toujours à travers vous et que, grâce à cet exercice, tous les endroits de votre esprit, de votre cœur ou de votre corps qui avaient besoin d'être revitalisés ont été à nouveau remplis de cette riche énergie.

Si c'est la première fois que vous effectuez un exercice comme celui-ci, ne vous découragez pas si vous ne ressentez rien physiquement ou si vous trouvez la visualisation difficile. Le nagual est toujours là – puisqu'il est vous –, que vous le perceviez directement ou non. Et, comme pour les autres exercices de ce livre, vous gagnerez à le répéter au fil du temps.

Une fois l'exercice terminé, observez votre niveau d'énergie pour le reste de la journée. Voyez si vous remarquez des différences dans la façon dont vous abordez vos projets. Vous sentez-vous enthousiasmé par quelque chose de nouveau ou revigoré par rapport à un ancien projet ? C'est aussi un bon moment pour faire le point sur tous les objectifs, rêves et autres désirs auxquels vous avez pu penser, mais que vous avez peut-être rejetés comme étant irréalistes ou impossibles à réaliser. Regardez ceux qui vous tiennent le plus à cœur avec un regard neuf et voyez s'il peut y avoir quelque chose de nouveau en eux que vous n'aviez jamais vu auparavant.

*

*   *

Exercice : cultiver la joie

Nous avons parlé dans ce chapitre de la façon dont la comparaison et la compétition peuvent transformer la poursuite de la joie en une obsession de construction de l'ego. Cet exercice peut vous aider à rester concentré sur la joie plutôt que sur l'ego. Il est fondé sur une pratique bouddhiste nommée à juste titre « joie sympathique », dans laquelle vous cultivez un sentiment conscient de bonheur et de gratitude pour le succès, le bien-être et l'avancement des autres.

Comme tant d'autres aspects de la maîtrise, cela commence par l'art de la conscience de soi. Lorsque quelqu'un réussit ou reçoit quelque chose que vous voudriez pour vous-même – un bien matériel, un travail, une relation ou une sorte de reconnaissance sociale –, la première chose que vous remarquerez probablement est la jalousie ou l'envie qui monte en vous. Lorsque cela se produit, essayez de déterminer l'origine de ces sentiments. D'où viennent ces émotions ? Y a-t-il une histoire que vous vous racontez à ce propos ? Remarquez toute pensée de comparaison et de compétition autour de la situation. Ensuite, réfléchissez si et comment vous avez formé une identité autour de ces idées. Plus le sentiment d'envie ou de jalousie est fort, plus vous y avez lié votre identité.

Maintenant, respirez et rappelez-vous consciemment que vous et cette personne faites partie tous deux du nagual, et que nous obtenons tous toujours exactement ce dont nous avons réellement besoin. Sans exception. Enfin, envoyez-lui des pensées de félicitations et de joie depuis votre propre esprit. En d'autres termes, célébrez mentalement son succès. Cela peut être extrêmement difficile dans certaines situations, et vous pouvez même avoir l'impression de faire semblant – ce n'est pas grave, vous rompez simplement un vieil accord qui ne vous sert plus.

Comme pour les autres pratiques de ce livre, j'espère que vous répéterez souvent celle-ci – vous verrez comment vous vous sentez par la suite. Bientôt, vous constaterez probablement que vos sentiments d'envie et de jalousie diminuent.

Et vous pourriez même finir par être sincèrement heureux pour les autres. L'autre avantage de cette pratique est que, lorsque c'est vous qui réalisez quelque chose que quelqu'un d'autre voudrait, vous n'êtes plus autant identifié à votre succès. Vous constaterez que vous ne vous sentez plus supérieur aux autres. Votre perception devient claire, car la vérité est que nous obtenons tous toujours ce dont nous avons réellement besoin. Nous faisons tous partie du nagual.

*

* *

Exercice : se connecter au feu

Voici quelques petits exercices qui peuvent faciliter votre connexion à la passion et à l'énergie du feu :

Feu sacré : le feu nous envoûte très rapidement, dans un mélange de révérence et de crainte. C'est pourquoi c'est un élément particulièrement puissant dans les pratiques rituelles. Même le simple fait d'allumer une bougie avant d'écrire dans votre journal ou de méditer peut envoyer le signal puissant à votre esprit que quelque chose de sacré est en cours. Le bruit d'une allumette, l'éclat de la lumière et sa chaleur sont de merveilleux symboles pour un nouveau départ. À plus grande échelle, il y a une puissance ancienne, instinctive et enivrante à chanter, à danser autour d'un feu ou même simplement à s'asseoir et à contempler sa lumière.

Feu purificateur : comme nous l'avons vu dans ce chapitre, le feu est également un riche symbole de la perte de l'ancien en échange du nouveau. À cette fin, envisagez d'organiser une petite cérémonie au cours de laquelle vous écrivez sur des morceaux de papier ce que vous souhaiteriez libérer, puis vous les brûlez dans une cheminée ou un bol ignifugé. La famille d'un de mes amis organise une cérémonie semblable à chaque réveillon du Nouvel An pour marquer le passage de l'ancienne année et embrasser le potentiel de la nouvelle. Une année, alors qu'ils n'avaient pas accès à une cheminée, ils achetèrent du papier flash dans un magasin vendant des accessoires de magie de scène et l'enflammèrent à l'aide de bougies, ce qui ajouta du mystère, de la beauté et un effet saisissant à un rituel familial déjà puissant.

CHAPITRE 8

LA PLACE DE LA TERRE

Un prêtre entra dans un pub, indigné d'y trouver autant de ses paroissiens. Il les rassembla pour les reconduire à l'église. Puis, il proclama solennellement :

« Que ceux d'entre vous qui souhaitent aller au ciel viennent à ma gauche. »

Tout le monde s'y précipita, sauf un homme, qui tint tête.

Le prêtre le regarda férocement et dit :

« Tu ne veux pas aller au ciel ? »

« Non », dit l'homme.

« Tu comptes réellement rester ici et prétendre que tu ne veux pas aller au paradis quand tu mourras ? »

L'homme parut réfléchir : « Si, bien sûr que je veux aller au paradis quand je mourrai. Je croyais juste que tu voulais que j'y aille tout de suite ! »

Cette petite histoire humoristique d'Anthony de Mello est une excellente introduction à la prochaine étape de votre voyage, la place de la Terre.

Depuis des temps immémoriaux, la terre est un symbole de notre corps physique. Ce qui est naturel, puisque notre corps fait partie de la Terre. La nourriture que nous mangeons, l'air que nous respirons et l'eau que nous buvons font tous partie des grands cycles vivants de la planète. De plus, nos esprits conteurs établissent facilement des liens symboliques entre les os et les muscles de notre corps et le sol et les rochers sous nos pieds.

Dans la tradition toltèque, toute matière physique est appelée *tonal*. Cela inclut notre corps, la Terre, et tout ce que nous pouvons percevoir avec nos sens physiques. Pourtant, même s'il est beau et miraculeux, le tonal est finalement sans vie sans le nagual, car il est alors dépourvu du feu énergétique et mouvant de l'être. Nous pouvons intuitivement reconnaître cette vérité, mais la grande majorité d'entre nous confond encore notre corps physique avec notre véritable être. Nous mélangeons tonal et nagual et, par conséquent, nous craignons que lorsque nos corps meurent, ce soit aussi notre fin. Confondre notre corps avec notre âme, qui nous sommes vraiment, est peut-être la source ultime de toutes nos peurs. Comprendre en profondeur ce que vous êtes et qui vous êtes vraiment est donc l'un des derniers obstacles auxquels vous serez confronté dans l'art de la maîtrise de la vie.

J'ai été mis face à face avec cette réalité il y a de nombreuses années, au chevet de mon oncle. Je tenais sa main quand il fut déclaré en état de mort cérébrale après l'enflure de son cerveau. Mais même après cela, je pouvais encore sentir sa présence. Sa main était chaude et vivante. Je le sentais encore, même après qu'ils m'ont dit qu'il était parti. Puis, tout d'un coup, je ne pouvais plus le sentir. Sa chaleur disparut et sa main, celle d'un être vivant, était devenue celle d'un objet inanimé. C'est à ce moment-là que je sus que le nagual avait quitté son corps.

Être présent à la mort de mon oncle m'offrit l'une des plus grandes leçons de ma vie : la conscience que je ne suis pas mon corps. Je pense que, dans une certaine mesure, j'y croyais déjà avant cette expérience, mais à ce moment-là, quand j'ai senti ce qui se passait peau à peau, j'ai su dans mes os que nous étions bien plus que notre enveloppe physique de chair et de sang. L'expérience remplaça alors la simple croyance.

Quand je raconte cette histoire à des groupes, je dis souvent que le corps est mort dès le moment de sa conception. Je sais que cela peut sembler déroutant, alors je veux être clair. Je dis cela pour souligner le fait que nos corps ne se meuvent que parce que le nagual les fait bouger. Tous les êtres qui vivent et respirent font partie du nagual et en sont une expression – vous et moi et chaque être vivant sur Terre en ce moment même. Sans cette essence vitale (notre vrai moi), tout n'est que tonal. Le corps n'est pas la vie ; nous lui *donnons* vie.

L'AVENUE DES MORTS

Au cours de notre voyage à travers Teotihuacan, nous avons parcouru l'avenue des Morts, et je suppose que vous avez maintenant compris la signification mystique de ce nom. Bien que les Aztèques l'aient nommée ainsi parce qu'ils pensaient à tort que l'avenue était bordée de tombes d'anciens rois, l'avenue des Morts nous rappelle en réalité que notre corps se rapproche de la mort à chaque instant ; tout ce qui naît doit mourir. Cela n'est pas une proclamation morbide ou pessimiste ; c'est même tout le contraire. Admettre que notre corps mourra inévitablement et que nous sommes plus près de la mort maintenant que nous ne l'avons jamais été nous rappelle de manière puissante de nous concentrer sur le fait d'être vraiment vivants.

Dans la tradition toltèque, on parle souvent de l'ange de la mort, une ombre qui marche avec chacun de nous à tout moment et dans toutes les situations. Encore une fois, ce n'est pas censé être effrayant ou menaçant. C'est simplement un rappel que nos corps, ainsi que tous nos biens physiques, sont un prêt. Nous ne possédons jamais vraiment quoi que ce soit. Vous pouvez utiliser cette conscience de la mort pour approfondir votre degré de présence dans le moment immédiat et augmenter votre bonheur. Par exemple, que feriez-vous aujourd'hui si vous saviez que demain l'ange de la mort viendrait pour vous ? Le maître répond instantanément et honnêtement à cette question : je ferais exactement ce que je fais en ce moment. Les maîtres vivent chaque jour avec une totale conscience que ce sera peut-être leur dernier, mais sont également conscients qu'aujourd'hui nous sommes plus jeunes que nous ne le serons jamais plus.

Cela ne signifie pas qu'ils ont atteint une sorte de vie incroyablement parfaite dans laquelle chaque instant est exempt de douleur ou d'expériences difficiles, mais plutôt que, dans leur conquête de la liberté personnelle et dans leur acceptation de l'impermanence de leur vie physique, ils sont capables d'accepter chaque moment tel qu'il est selon ses propres termes, puis de le laisser partir. L'idée de la mort marche avec le guerrier toltèque pour lui rappeler que ce moment est la seule réalité qui soit. Accepter cette réalité sans s'y accrocher ni la fuir, c'est là, la vraie liberté.

Les Toltèques ne sont pas les seuls à avoir de telles pratiques. Les habitants du Bhoutan, célèbres pour leur grande joie de vivre, ont pour pratique spirituelle de penser à la mort cinq fois par jour. En refusant de fuir la perspective de leur mort inévitable et en passant consciemment du temps à y réfléchir quotidiennement, ils apprennent à embrasser l'incertitude de la vie et à accepter la perfection imparfaite du moment présent, et se libèrent ainsi de leurs attachements. Ils savent que la mort corporelle est une partie inextricable de la vie.

LA PEUR DE VIVRE

La peur de la mort est incroyablement puissante et omniprésente. De multiples exemples témoignant du désir humain de vivre pour toujours et d'échapper à la mort peuvent être trouvés partout dans le monde dans diverses cultures et périodes de l'histoire. Mais je suggère que plus grande que notre peur de mourir est notre peur de vivre pleinement. Je crois que nous avons profondément peur de l'inconnu, de toutes les erreurs potentielles que nous pouvons commettre (et de la voix punitive du parasite insistant sur le fait que nous échouerons toujours).

Cette grande terreur de l'incertitude nous empêche de parler ouvertement de la mort. Tout comme pour la sexualité, notre culture en a fait un tabou, nous domestiquant à la garder sous silence. L'accord sous-jacent semble être que si nous ne parlons jamais de la mort, ne prévoyons rien et n'avons aucune conversation avec nos familles et amis à ce sujet, alors d'une manière ou d'une autre, comme par magie, cela n'arrivera jamais. Mais bien sûr, nous avons tous vécu – ou finirons par vivre – la perte d'un être cher. Et nous finirons tous par mourir nous-mêmes. La mort est donc à la fois un rappel puissant que le tonal est impermanent, et une magnifique invitation à utiliser votre temps à bon escient – à ne pas le prendre pour acquis. À partir de maintenant, en ce moment même, vous pouvez être l'artiste de votre vie et peindre votre chef-d'œuvre. Il n'y a pas besoin d'attendre : en ce moment, vous êtes vivant.

De plus, alors que nous devrons tous faire l'expérience de ce que nous considérons être une mort physique, à un niveau plus profond, la mort n'est qu'une histoire effrayante créée par l'esprit humain. Ne vous méprenez pas : il est naturel de ressentir du chagrin et de la tristesse à perdre un être cher. Mais les guerriers toltèques reconnaissent que, dans la mort, seul le corps tonal, le corps physique, se meurt. L'énergie, l'essence, le nagual continue de vivre dans l'éternité. Lorsque nous acceptons pleinement cette réalité, nous commençons à guérir. Notre culture présente la vie et la mort comme des opposés, mais la vérité est que la *naissance* et la mort sont les vrais opposés, encadrant l'existence physique du tonal. La vie elle-même, le nagual, *n'a pas d'opposé*.

Alors que la tradition toltèque l'enseigne depuis des générations, la science moderne a également prouvé que l'énergie elle-même ne peut être ni créée ni détruite, mais seulement transformée. Il en est de même pour l'eau, qui fait partie de l'énergie de la vie. Il n'y a jamais eu plus ou moins d'eau sur la planète qu'il n'y en a actuellement. Elle passe simplement d'un état gazeux à un état liquide, puis solide dans un cycle sans fin. De même, l'énergie qui anime le corps ne « meurt » pas – elle se transforme en autre chose. *La vie* continue, toujours. C'est une autre raison pour laquelle nous travaillons si assidûment pour prendre conscience de la nature illusoire de notre petit moi, de nos identités et ego : parce qu'elle est inextricablement liée à la même erreur fondamentale qui nous pousse à nous accrocher au corps, au tonal.

LE DON DU CORPS

La tradition toltèque enseigne que le tonal n'est pas qui nous sommes, et que le corps est un cadeau miraculeux à chérir. C'est pourquoi il est important de remettre en question nos idées domestiquées à propos de notre moi physique.

Nous jugeons notre corps. Nous le rejetons ou souhaitons qu'il soit différent d'une manière ou d'une autre. Ou peut-être le négligeons-nous ou le punissons-nous au nom du progrès et de la perfection. La plus grande majorité de l'humanité souffre, d'une manière ou d'une autre, de cette illusion empoisonnée. Mais ici, sur la place de la Terre, vous pouvez créer une toute nouvelle relation avec votre corps en prenant conscience que c'est un don pour cette vie. Au cours de cette partie de votre voyage, vous apprenez à entrer dans le soin sacré et la libération de votre propre corps.

Le corps humain est un miracle, doté de sa propre intelligence, qui fonctionne en dehors du champ d'action de l'esprit humain. Sans aucun apport de l'esprit conscient et pensant, notre corps absorbe de l'oxygène vital, le pompe et le fait circuler *via* un réseau vaste et complexe, digère les aliments, guérit les coupures, les ecchymoses et les éraflures, et effectue d'innombrables fonctions primordiales, tout seul. Il emploie des centres de traitement remarquables – yeux, oreilles, langue, peau, nez – pour recevoir lumières, sons, textures, goûts et odeurs. Les informations provenant de ces centres nous aident à naviguer dans le monde, ainsi qu'à percevoir et à simplement profiter des délices de la nourriture, de la danse, de l'art et de la musique.

Mais chaque corps est différent. Nous avons tous besoin de différentes combinaisons de sommeil, d'aliments sains, de soleil et d'exercice. Nous sommes tentés par différentes substances nocives. En restant conscient de votre état physique, vous pouvez ouvrir une ligne de communication directe avec la sagesse de votre propre corps. Mais vos accords existants et croyances associées au corps peuvent brouiller ces lignes de communication en vous. Il vous faut transformer ces accords en acceptation de soi et apprendre à cultiver un esprit curieux, explorateur, et un équilibre en constante évolution.

Aujourd'hui, le Rêve Planétaire est plongé dans l'illusion presque implacable du «faire». Beaucoup ont maintenant l'impression qu'ils peuvent à peine survivre à chaque journée, avec sa liste apparemment interminable de tâches et pas assez de temps pour toutes les compléter. Le résultat est que nos niveaux de stress sont constamment élevés, et cela nous affecte physiquement, émotionnellement et mentalement. Mais la façon dont cette activité se manifeste – là où se trouve l'équilibre entre être joyeusement engagé et être surstimulé de manière stressante – est variable pour chaque individu.

Nous avons tous des croyances et des conditionnements différents concernant les problèmes de travail, de paresse et d'estime de soi, et nous avons tous des façons différentes de nous reposer et de retrouver notre équilibre. De plus, nous devons nous assurer de ne pas transformer notre besoin d'équilibre en un autre accord négatif. *Je suis tellement nul, je ne sais pas prendre soin de moi. Je suis tellement paresseux que je n'arrive pas à passer une seule journée sans une sieste.* Il devient donc important d'aborder vos besoins avec une réelle conscience et ouverture jusqu'à ce que vous trouviez ce qui vous convient le mieux.

Par exemple, vous pouvez avoir envie d'une collation salée, puis vous en vouloir de toujours manger les « mauvaises » choses. Pourtant, si vous restiez tranquille, respiriez profondément et vous connectiez à cette envie avec acceptation et amour, vous découvririez peut-être quelque chose d'important à ce sujet. Vous êtes peut-être déshydraté, et votre corps sait qu'après avoir mangé du salé vous aurez très vite envie de boire. Ou vous manquez peut-être de sodium, ce qui est essentiel au bon fonctionnement de votre corps. Ou votre corps peut simplement vous demander de ralentir et de lui offrir quelque chose que vous appréciez. Tous ces scénarios sont valables ; vous seul pouvez identifier ce qui est vrai pour vous.

Une façon d'y parvenir est d'effectuer des micropauses tout au long de la journée afin de vous demander ce dont votre corps a besoin *à cet instant*. A-t-il besoin de repos ? De mouvement ? De la lumière du soleil ? Nous ignorons souvent les signaux plus subtils que notre corps nous envoie et n'y prêtons attention que lorsqu'ils deviennent des cris désespérés. Le secret est de savoir les écouter, puis d'ouvrir les voies de communication avant que les choses n'en arrivent à ce point.

Prenez le temps d'explorer à quoi ressemble le plaisir dans votre corps physique. Je ne parle pas seulement de plaisir sensuel ou sexuel, même si, comme nous l'avons vu dans le chapitre précédent, c'est aussi important. Certains d'entre nous ont été domestiqués pour mépriser tout plaisir corporel, même dans leurs formes les plus simples. En réalité, la rétention de plaisir est un puissant outil de contrôle dans le Rêve Planétaire.

Pour cette raison, il peut être utile de commencer par de petits gestes simples qui procurent du plaisir à votre corps, par exemple, vous asseoir au soleil. Ou plonger vos pieds dans l'eau fraîche. Ou prendre un long bain chaud relaxant. Ou en égayant votre habitation de plantes et de fleurs fraîches. Ou en portant des vêtements agréables. Ou en faisant une sieste. Si vous vous surprenez à être négatif ou réticent, si vous pensez que ces choses sont égoïstes, une perte de temps, que vous ne les méritez pas, que vous devriez plutôt faire quelque chose d'utile pour quelqu'un d'autre, ou que vous devez d'abord terminer votre liste de tâches de la journée, enquêtez sur ces réactions. Vous pourriez bien découvrir d'anciens conditionnements bien cachés autour du droit au plaisir et à prendre soin de soi.

Lorsque vous vous sentez épuisé par la vie, cela peut indiquer que vous avez été dupé par votre parasite intérieur. Chaque fois que vous vous poussez à faire plus ou à aller plus loin dans un effort incessant pour *être* plus, c'est signe que vous pensez ne pas être assez tel que vous êtes. La place de la Terre vous rappelle d'honorer les besoins de votre corps. Reposez-vous quand vous avez besoin de vous reposer ; mangez quand vous avez besoin de manger ; bougez quand vous avez besoin de bouger. Ne poussez pas votre corps à en faire plus par peur ou par anxiété. Si vos besoins fondamentaux sont satisfaits, mais que votre identité est toujours construite autour d'un épuisement sans fin, demandez-vous pourquoi vous dites oui à la fatigue. Qu'est-ce qu'y gagne votre ego ?

CORPS DE LUMIÈRE

La tradition toltèque enseigne que le magnifique corps humain, cet incroyable don, est composé de lumière et d'étoiles. Mon père, Don Miguel Ruiz, dans son livre *Les Quatre Accords toltèques*, raconte l'histoire d'un chaman qui, levant les yeux vers le ciel nocturne, comprit : *Je suis fait de lumière. Je suis fait d'étoiles.*

Il s'avère que la science moderne est désormais d'accord. Récemment, des astrophysiciens ont expliqué comment les éléments du tableau périodique qui constituent les éléments constitutifs de notre corps physique provenaient d'étoiles devenues des supernovae il y a des millions d'années. Donc, nos corps *sont* réellement composés d'étoiles. Quant à la lumière, alors que la plupart des gens savent que rien sur cette planète n'existerait sans la lumière du Soleil, les scientifiques ont également découvert que le corps humain *émet* de la lumière à un niveau imperceptible à l'œil nu.

La vérité est donc que nos corps miraculeux font partie du cosmos étoilé tout autant qu'ils font partie de la planète.

Ainsi, le Rêve Planétaire est devenu le Rêve Universel. Notre connexion physique aux étoiles est une autre raison pour laquelle la tradition toltèque dit qu'il n'y a pas de réelle séparation entre le ciel et la terre. Vous pouvez créer le paradis sur Terre dès maintenant en prenant conscience que vous êtes le nagual et en utilisant le cadeau qu'est votre corps pour créer votre chef-d'œuvre.

MIROIR DE VÉRITÉ

Une vieille légende raconte comment, il y a fort longtemps, la Vérité existait dans les cieux sous la forme d'un miroir unique. Un jour, ce miroir se brisa en milliers de morceaux dont les éclats tombèrent sur Terre. Certains êtres humains, ramassant un bout de miroir chacun, proclamèrent tous détenir l'unique vérité. D'autres rassemblèrent autant d'éclats que possible afin de tenter de les assembler et de découvrir une vérité différente, plus large. Bien sûr, décider arbitrairement qu'un fragment particulier ou que plusieurs d'entre eux associés d'une certaine façon détiennent à eux seuls toute la vérité semble ridicule. Et pourtant, c'est ce que la plupart d'entre nous font.

Les seules figures historiques et culturelles qui ne se prennent pas au sérieux sont les « fous » et les « illuminés ». Dans de nombreuses traditions, les fous sont considérés comme des saints. Et ils sont en effet plus proches de l'entière vérité que la plupart d'entre nous, car au lieu d'essayer de s'accrocher à un seul éclat de miroir, ils ont les pieds bien plantés dans le pays du non-savoir, dans le monde où l'endroit est l'envers et l'envers est l'endroit, dans la maison de dire-ce-que-personne-ne-veut-entendre. Ils se déplacent à travers des salles de joies, d'incertitudes et de paradoxes qui reflètent toutes une version de ce miroir de vérité, qui est plus que n'importe lequel des fragments isolés. Ces fous ont des messages importants pour nous, mais ils ne se soucient pas d'être écoutés. Ils savent qu'ils sont tout aussi susceptibles de se tromper que nous. Ils sont notre miroir, nous reflétant dans nos moments les plus ridicules ou les plus pitoyables. Ce sont des maîtres métamorphes et manipulateurs de perspective ; ils nous montrent un monde à l'envers.

Les Toltèques ont également parlé d'un grand miroir de vérité qui existe sur la place de la Terre. Imaginez un instant que vous êtes sur la place de la Terre au milieu de la nuit après plusieurs jours de pluie. Le ciel s'est dégagé, mais la place elle-même a été inondée et est devenue une immense flaque d'eau douce et immobile. Les étoiles sont suspendues au-dessus de vous dans un ciel d'encre. C'est là que vous vous souvenez de votre corps physique et l'honorez comme un cadeau précieux. C'est là que vous comprenez que votre vie sur Terre est un cadeau de la mort et qu'elle peut vous être ôtée à tout moment. Et pourtant, la place de la Terre vous offre un aperçu des mystères de la vie avant votre départ.

Vous entrez dans la flaque d'eau peu profonde et laissez les eaux redevenir calmes autour de vous. Vous regardez vos pieds, la terre, votre chez-vous. Mais au lieu de voir les pierres et la boue présentes sous l'eau, vous voyez des centaines d'étoiles. Des galaxies à vos pieds. Le monde a basculé. Vous marchez dans les étoiles, debout dans le miroir de l'univers, et vous réalisez : *oui, bien sûr.* Vous êtes chez vous dans votre corps, les pieds sur terre, en véritable enfant de Mère Terre. Mais vous faites aussi partie des étoiles ; vous êtes aussi un corps de lumière. Vous n'avez jamais été uniquement un corps matériel, tonal. Vous êtes, et avez toujours été, pur nagual.

* * *

Exercice : visualisation et méditation sur la mort

Avant que vous ne commenciez cet exercice, je tiens à préciser qu'il n'est pas destiné à vous faire vous attarder sur des thèmes sombres ou déprimants. Son but est de vous aider à cultiver l'amour inconditionnel pour l'instant présent et le cadeau qu'est votre corps. Car en vérité, plus vous affrontez votre peur de la mort, plus vous devenez libre.

Dans cet exercice, vous serez invité à visualiser vos propres funérailles. Je suggère d'imaginer les symboles de rites funéraires de votre culture, célébration dans une église, pierre tombale, procession… Personnellement, j'imagine une couronne de fleurs de soucis, car elles sont le symbole des enterrements et célébrations du Jour des Morts dans notre culture. À vous d'imaginer ce qui fait sens pour vous.

Pour commencer, trouvez un endroit où vous pouvez vous installer confortablement sans être interrompu pendant environ vingt minutes. Asseyez-vous confortablement, mais pas au point de risquer de vous endormir. Certains préfèrent s'allonger pour cette méditation afin de pouvoir se relier à l'idée de leur propre mort d'une manière plus physique. Si vous choisissez de le faire, essayez de réaliser cette méditation tôt dans la journée afin d'être moins enclin à vous assoupir.

Détendez-vous progressivement à l'aide de respirations lentes et profondes, et imaginez une vague de lumière chaude et dorée se déplaçant lentement du sommet de votre tête jusqu'à vos pieds et vos orteils, relaxant chaque partie de votre corps sur son passage. Si des pensées angoissantes étreignent votre esprit ou si des tensions se manifestent dans votre corps, prenez le temps de les reconnaître et, sur une expiration douce, laissez-les partir. Permettez-leur de vous traverser et de s'éloigner, tels des nuages passant au-dessus d'une montagne.

Imaginez maintenant vos propres funérailles ou votre service commémoratif : à l'extérieur dans un parc local ou une région sauvage, dans un lieu de culte ou dans votre maison. Imaginez le lieu qui vous convient. Notez qu'il peut être plus aisé de choisir un endroit réel où vous êtes déjà allé, car vous pourrez le visualiser plus facilement.

Imaginez que vous flottez légèrement au-dessus de cet endroit, car vous êtes maintenant une présence consciente sans aucune forme physique. Observez l'arrivée de vos proches, de vos amis et de votre famille. Ils sont tous réunis autour d'une table aménagée en espace mémorial sur laquelle sont disposées des photos de vous tout au long de votre vie, de superbes bouquets de fleurs et le cercueil contenant votre corps, votre tonal. Le cercueil est ouvert. Imaginez votre corps étendu sans vie après que votre force vitale, le nagual, l'a quitté.

Vous pouvez remarquer que chaque personne présente brille d'une lumière rayonnante. Lorsque vous regardez autour de vous, vous remarquez que cette lumière se reflète dans chaque organisme vivant autour de vous : l'écorce des arbres, les brins d'herbe, tout. Vous pouvez maintenant voir que tous les êtres vivants font partie de cette lumière intense et incroyable, bien que les personnes présentes ne puissent le voir. Vous découvrez que vous êtes aussi un être de pure lumière et que vous l'avez toujours été. Vous sentez une immense vague d'amour et de gratitude monter en vous.

Alors que vos amis et vos proches se réconfortent, passez du temps avec chacun d'eux et bénissez-les. Laissez l'amour et la gratitude que vous ressentez pour votre vie sur Terre se répandre sur tout le monde, dans le ciel et parmi les arbres. Votre mort n'est que la fin de votre corps physique, qui reviendra sur Terre, alors que votre corps de lumière vit pour toujours. Lorsque vous découvrez cela, laissez votre lumière s'intensifier, s'étendre et se fondre avec la lumière émanant de tout autre être vivant. Dites ces mots à haute voix ou dans votre esprit, et ressentez leur vérité : « Je ne suis jamais né. Je ne peux jamais mourir. Je ne suis pas mon corps physique. Je suis le nagual. »

Poursuivez cette méditation pendant quelques minutes, en répétant ce mantra autant de fois que vous le souhaitez. Lorsque vous sentez que votre méditation touche naturellement à sa fin, reprenez progressivement conscience de votre corps ; bougez vos doigts et vos orteils, vos mains et vos pieds, vos bras et vos jambes. Puis, ouvrez lentement les yeux. Vous êtes toujours le nagual, mais vous êtes aussi en vie dans un corps vivant, une partie de la Terre. Oui, votre corps physique disparaîtra un jour, mais *vous*, vous ne mourrez jamais.

*

* *

Exercice : écouter son corps

Aujourd'hui, peu de gens pourraient affirmer être capables d'aimer complètement et sans honte chaque partie de leur corps physique. Nous sommes tellement inondés de domestications et d'accords qui nous font considérer notre corps – ou plusieurs de ses parties – comme imparfait, qu'il ne semble jamais être « assez » – assez attirant, assez athlétique, assez jeune, assez énergique, assez grand, assez mince. En conséquence, nous cessons souvent de prêter attention à ses besoins légitimes et nous nous concentrons plutôt sur ce dont nous pensons qu'il « devrait » avoir besoin. *Je devrais peser dix kilos de moins. Je devrais avoir les cheveux plus foncés. Je devrais courir trois kilomètres par jour.* Cet exercice peut vous aider à vraiment écouter votre corps et à comprendre ses véritables besoins.

Dans votre journal, prenez le temps de réfléchir à votre relation avec votre corps à la lumière de tout ce que vous avez appris sur la place de la Terre. C'est un sujet difficile qui peut provoquer des réactions émotionnelles profondes, alors abordez-le avec compassion, pardon et douceur. Allez-y doucement et faites attention aux pièges tendus par le mitote pour tenter de transformer un besoin authentique en une condition ou un « je devrais ». Apprenez à discerner la voix de votre corps qui vous dit qu'il a besoin de plus de mouvement et une voix intérieure négative qui vous affirme que vous êtes paresseux et ne bougez pas assez.

Voici quelques exemples de questions à vous poser deux ou trois fois par jour. Il ne s'agit pas d'une liste exhaustive, mais des interrogations comme celles-ci vous permettent de vous entraîner régulièrement à vous connecter à votre corps physique d'une nouvelle manière.

Comment se sent mon corps ? Prenez le temps de ressentir ce qui se passe dans votre corps en ce moment. Que ressentez-vous ? Essayez de l'identifier sans y attacher de jugement ou de valeur. Avez-vous froid ? Chaud ? Avez-vous des courbatures ? Êtes-vous fatigué ? Si oui, qu'est-ce que cela signifie ? Êtes-vous physiquement fatigué ou est-il plus juste de dire que vous êtes émotionnellement fatigué ou ennuyé ?

De quoi mon corps a-t-il besoin ? Demandez-vous ce dont votre corps a le plus besoin en ce moment. A-t-il besoin de se reposer ? D'un verre d'eau ? D'une promenade dans le quartier ? Écoutez-le attentivement et apprenez à faire la distinction entre ce dont votre esprit et ses accords *pensent* que votre corps a besoin, et ce que votre corps demande réellement en ce moment.

*

*   *

Exercice : se connecter à la terre

Voici quelques petits exercices qui peuvent vous aider à faciliter votre connexion à la terre :

Construire un sanctuaire pour vos ancêtres. La mort fait partie de la vie que traverse votre corps physique. Plus vous vous ouvrirez à cette vérité et apprendrez à vivre avec sans peur et dans la joie, plus vous apprécierez la liberté qui en découle. Et puisque la mort n'est pas la fin, vos liens avec vos proches se poursuivent au-delà. Cela peut donc vous aider à vous connecter avec la réalité puissante et terrestre qu'offre la mort en célébrant vos chers disparus. Vous pouvez le faire en créant et en entretenant un sanctuaire pour vos ancêtres. Celui-ci peut être élaboré – avec des bougies, des offrandes de nourriture, boisson et fleurs, etc. – ou simple – une photographie et une petite bougie. L'important est de passer au moins quelques minutes devant votre autel de façon régulière (hebdomadaire ou même quotidienne), en rappelant à vos ancêtres que vous les aimez. Si possible, essayez de vous engager dans une méditation et une réflexion sur la mort et son rôle dans notre vie physique. Imaginez que la même énergie qui animait leurs corps anime le vôtre.

Explorer une grotte. Si possible, passez du temps dans une caverne ou une grotte. Il y en a peut-être une dans votre région qui propose des visites guidées. Ce sont des opportunités incroyables de s'enfoncer profondément sous la surface du monde et de se relier aux merveilles et à la beauté qui sont normalement enfermées dans les secrets de la Terre. Certains guides touristiques peuvent même vous permettre de passer quelques minutes dans l'obscurité totale, ce qui peut offrir de profonds moments de méditation et de réflexion. Respirez profondément et envoyez votre gratitude, votre émerveillement et votre admiration à la Terre Mère. C'est votre maison. C'est le sol sous vos pieds, votre corps. Vous pouvez courir, conduire, piétiner et faire la roue dans la mousse, sur l'herbe ou sur les trottoirs toute la journée et ne jamais penser à combien la terre vous soutient chaque seconde de votre vie. Profitez de ce moment pour lui dire merci.

CHAPITRE 9

LA PYRAMIDE DE LA LUNE

La Lune a longtemps été un symbole de réflexion et de renouveau. Parce qu'elle se renouvelle tous les vingt-neuf jours dans un cycle de constante renaissance, elle fut un modèle naturel marquant le passage du temps dans les premiers systèmes de calendrier. De plus, de nombreuses civilisations anciennes virent un lien symbolique entre le cycle lunaire et le cycle reproducteur féminin – lien que nous retrouvons dans les mythes et les légendes impliquant toute déesse de la Lune.

Lorsque nous considérons la capacité de la Lune à déplacer les grands océans avec son attraction gravitationnelle et que nous songeons au fait que la majorité de notre corps est en réalité constituée d'eau, il est facile de comprendre pourquoi cet astre fut tenu en si haute estime par les cultures du monde entier. La majesté, le mystère et la nature cyclique de la Lune peuvent vous aider à comprendre les cycles inhérents à votre propre vie et à votre voyage spirituel.

Comme nous l'avons vu au début de ce livre, le voyage vers la maîtrise peut être pensé comme une spirale s'enfonçant dans les profondeurs. Vous revenez sans cesse aux mêmes leçons tout au long de votre vie. Mais vous y apportez également avec vous tout le travail que vous avez déjà fait. Vous n'avez pas à être frustré lorsque les mêmes problèmes ou les mêmes réactions émotionnelles refont surface, car en les traitant vous continuez d'approfondir votre spirale. Comme toute grande pratique spirituelle, ce voyage n'est jamais ni « fini » ni « parfait ». C'est un processus vivant, changeant et croissant qui se poursuit dans le temps – comme la Lune.

Ici, à la pyramide de la Lune, vous vous arrêtez pour vous reposer, vous ressourcer et réfléchir au chemin parcouru jusqu'à présent. Ici, vous commencez à voir la puissance de votre voyage comme une représentation physique du dieu serpent à plumes à deux têtes : Quetzalcóatl. Vous avez commencé votre aventure sur la place de Quetzalcóatl à l'écoute des voix déformantes et autodestructrices du parasite et du juge. En traversant les places du mental et des éléments, vous avez appris à affronter et à libérer vos accords inutiles et vos croyances limitantes. Vous vous trouvez maintenant au pied de la pyramide de la Lune, un espace intermédiaire où vous n'êtes plus dans votre ancienne vie, mais pas encore dans la nouvelle. Vous avez examiné vos identités créées en cours de route, et maintenant vous pouvez symboliquement retourner à la mère, à l'utérus, à un lieu de plénitude où vous existiez avant que vos domestications basées sur la peur ne prennent le dessus. En ce sens, cette étape de votre voyage – l'ascension de la pyramide de la Lune – est une sorte de renaissance.

Prenons un moment pour passer en revue les différents renoncements auxquels vous avez consenti au cours de votre voyage jusqu'à présent. Après avoir quitté l'île de la Sécurité, la maison de votre petit moi et le siège de l'identité à laquelle vous vous êtes toujours accroché, vous avez traversé la place du Mental, où vous avez appris à identifier, à examiner et à libérer les domestications inutiles qui y vivent. Vous avez commencé à pratiquer la maîtrise de la conscience, le principal outil utilisé pour guérir l'esprit. Ensuite, vous avez visité la place de l'Eau, où vous avez appris à reconnaître vos états émotionnels et comment votre parasite détourne vos émotions pour vous garder piégé dans de vieilles histoires et vieux comportements. Vous avez appris à exploiter le pardon et à libérer et purifier votre corps émotionnel en équilibrant sa sagesse avec celle de l'esprit. Sur la place de l'Air, vous vous êtes engagé dans une vision claire et avez embrassé la vérité des possibilités infinies, apprenant à faire confiance à votre intuition dans votre travail pour être l'artiste de votre vie. Sur la place du Feu, vous avez brûlé l'illusion de la séparation et vous êtes reconnecté à l'esprit passionné qui vous traverse, créant la vie elle-même. Sur la place de la Terre, vous avez affronté la peur de la mort et embrassé le paradoxe de vivre une vie dans le don d'un corps physique en tant qu'expression singulière et unique du nagual.

Et à travers tout cela, vous vous êtes guéri.

En repensant à votre travail tout au long du voyage, vous vous rendrez peut-être compte que nous sommes tous – vous, moi et tous les autres – à la fois complètement uniques, mais aussi tout à fait identiques. Vous n'êtes pas votre corps, ni vos pensées, ni vos émotions ; vous *êtes* le nagual, la source de toute création. Vous êtes connecté à moi, et moi, à vous. Nous sommes tous les deux le nagual. Nous sommes les étoiles et le Soleil. Nous sommes la vérité. Nous créons tout ce que nous savons, et la connaissance nous obéit, et non l'inverse. Notre mental est désormais notre allié, ne déformant plus nos connaissances et notre perception de la vie.

Vous n'avez besoin ni de gourous ni de prêtres, car la vérité a toujours été en vous. C'est ce que vous avez recherché toute votre vie ; vous avez simplement reconnu cette recherche au cours de votre voyage. Vous savez que le divin est en vous et vous n'avez plus à le chercher. Vous savez que l'enfer n'existe que dans votre esprit, et seulement lorsque vous décidez de vous punir ou de vous blesser.

Au début de ce voyage, nous avons mentionné que Teotihuacan peut être traduit par « le lieu où les humains reconnaissent la divinité en eux-mêmes ». En quittant l'avenue des Morts et en vous dirigeant vers vos deux dernières destinations, la pyramide de la Lune et la pyramide du Soleil, vous avancez au-delà de votre dimension humaine limitée et comprenez votre plus grande place dans l'univers : votre divinité.

MÈRE LUNE

La pyramide de la Lune invite les personnes de tous horizons à explorer le féminin. Bien que nous ayons tous en nous de l'énergie à la fois masculine et féminine, la plupart d'entre nous penchent fortement vers l'un ou l'autre ; parfois à cause de domestications que nous ne remettons jamais en question et parfois parce que cela résonne simplement en nous. Nous utilisons ces accords pour forger une partie de nos identités. Et puisque vous vous efforcez au cours de ce voyage de vous défaire de votre fausse identité, cela ne signifie pas que vous n'utiliserez plus ces énergies. La différence est que vous leur permettrez ensuite de circuler librement à travers vous lorsque vous en aurez besoin, plutôt que de vous agripper à elles pour tenter de vous définir – et vous limiter.

Songez un instant à ce que l'énergie féminine signifie pour vous et dans votre vie. Qu'en est-il de l'énergie masculine ? N'oubliez pas : vous n'êtes pas obligé d'adhérer ou de vous aligner sur les définitions de quelqu'un d'autre à ce propos, car elles sont, après tout, elles aussi basées sur des accords. Lorsque l'on considère les symboles de l'énergie féminine, on peut s'inspirer d'icônes aussi diverses que la Vierge Marie ou la déesse hindoue Kali. Vous pouvez être inspiré par des femmes *et* des hommes dans votre propre vie, par des ancêtres, par des personnalités culturelles ou même par des aspects féminins de la nature (animaux, plantes, paysages).

Ma grand-mère a longtemps été une force matriarcale dans ma vie et a eu une profonde influence sur le travail de ma famille. Elle était à la fois une chamane et une *curandera* – guérisseuse par la force de la foi. Elle enseignait dans un petit temple spirituel appelé Nueva Vida, dans le Barrio Logan à San Diego. Chaque dimanche, elle exécutait ce qu'elle appelait une *cátedra*, un enseignement spirituel semblable à une messe. Par la prière, elle entrait en transe, et l'Esprit parlait à travers elle. Elle partait alors pour des dimensions astrales intérieures qui lui permettaient de pratiquer sa foi. Durant la semaine, elle effectuait des guérisons et des consultations. Elle fut la première femme, dans les années 1970, à être payée par l'État de Californie en tant que guérisseuse de la foi pour le Casa Familiar, un centre communautaire à proximité de San Ysidro, en Californie. Des années plus tard, elle fut intronisée au San Diego Women's Hall of Fame pour son travail au sein de la communauté et ses œuvres pour la préservation de la tradition spirituelle familiale.

Aujourd'hui encore, le pouvoir féminin de ma grand-mère est toujours au cœur des enseignements de ma famille. Mais même au sein de mon foyer et de ma famille, des accords sociétaux solides concernant les rôles et les genres persistent. Par exemple, ma femme et moi nous sommes engagés à entretenir notre maison ensemble. Quand elle cuisine, je fais la vaisselle, et *vice versa*. Je fais également les lessives. Lorsque ma mère fut témoin de cette dynamique pour la première fois, cela la gêna grandement. D'après son éducation, ces tâches étaient réservées aux femmes. Elle se mit en colère contre moi parce que, pour elle, je n'agissais pas « en homme ». Puis, elle dirigea son courroux contre ma femme, qui, d'après elle, ne « prenait pas correctement soin » de moi. J'aime ma mère et je la respecte beaucoup, mais si je la laissais dicter le genre d'homme que je « devrais » être, je retournerais *illico* à la case départ. Il m'a fallu désapprendre énormément de choses par lesquelles mes parents m'ont domestiqué. Les accords qui étaient valides pour eux et leur amour sont toujours justes pour eux aujourd'hui. Cependant, ma femme et moi faisons ce qui est juste pour nous. Nous avons créé une nouvelle culture pour nous-mêmes et notre famille, avec notre amour et nos propres accords. Et je suis sûr que mes enfants créeront les leurs le jour venu.

Tout cela pour dire qu'il nous faut être vigilants quant aux domestications nous dictant ce que signifient être un homme et être une femme. Nous portons tous ces suppositions, ces *a priori* et ces distorsions en nous. Je vous demande seulement de continuer à utiliser votre conscience et d'exposer les accords existants et les distorsions de ces idées qui furent le fondement de votre amour conditionnel, afin de découvrir comment vous souhaitez réellement vivre et exprimer votre amour.

J'aime penser aux pouvoirs féminin et masculin en termes d'actions plutôt que de descriptions. Ainsi, au lieu de dire d'une personne qu'elle est douce ou attentionnée, je remarque comment elle agit lorsqu'elle fait appel au pouvoir du féminin. Peut-être qu'elle réconforte, guérit ou écoute. Peut-être qu'elle protège comme une « maman ours », ou peut-être qu'elle est dotée d'une puissante intuition et ose affronter un problème caché que personne d'autre ne voit. Cela me rappelle souvent d'apporter plus de pouvoir féminin dans mon travail et ma vie. De cette façon, je garde les énergies masculines et féminines en moi dans un état d'équilibre, libre de toute construction identitaire.

DOUBLES ÉNERGÉTIQUES

La science moderne a découvert que le corps renouvelle l'ensemble de ses cellules tous les sept ans. Donc, dans un sens, il n'y a littéralement aucune partie de votre tonal qui soit la même qu'il y a sept ans. Plus symboliquement, vous pouvez utiliser cette idée de soi(s) multiples pour apporter des changements dans votre vie et vous guérir. Vous êtes-vous déjà considéré comme étant plus d'une personne ? Ou avez-vous compris que vous avez un « ancien moi » qui est en réalité totalement différent du « vous actuel » ?

Alors que nous menons des groupes à travers Teo, lorsque nous arrivons à la pyramide de la Lune, nous encourageons chacun à visualiser leurs doubles énergétiques dans leur esprit pour leur donner une petite perspective extérieure de cette autre version d'eux-mêmes. Après avoir grimpé au sommet de la pyramide, ils peuvent se reposer sur sa surface plane aux côtés de leurs sosies. Ensuite, nous formons un cercle au sommet de la pyramide et imaginons ensemble que nos doubles sautent dans et à travers le centre de la pyramide, emportant tous nos accords passés afin de nous libérer et de laisser la place à une toute nouvelle vie. C'est notre renaissance.

LE POUVOIR DE L'INTENTION

Au sommet de la pyramide de la Lune, vous expérimentez également la liberté de votre propre *intention*. Ce mot a une signification particulière dans la tradition toltèque. Imaginez un instant que vous êtes un aigle, volant haut au-dessus d'une vallée vierge. Vous ressentez la clarté de l'élément de l'air tout autour de vous alors que vous contemplez le vaste paysage en contrebas. Vous comprenez pour la première fois, grâce à votre propre sagesse, que les choses que vous pensiez autrefois vous retenir – pensées, histoires, émotions – ne vous contrôlent plus. Vous avez maintenant le pouvoir de voir au travers, de trouver leurs origines, de les réécrire, de les sentir circuler et de les laisser partir. Vos peurs psychologiques ne vous contrôlent plus. C'est la libération que vous ressentez au sommet de la pyramide de la Lune. C'est la nouvelle vie que vous avez revendiquée à travers votre voyage ardu et le pouvoir transformateur de votre intention.

À partir de là, d'ici et maintenant, vous pratiquerez consciemment votre intention. Ici, au début de votre nouvelle vie, *vous* choisissez dans quoi impliquer votre énergie nagual. *Vous* choisissez comment apporter votre propre esprit singulier et passionné dans le monde – libre des croyances et des accords passés –, et vous créez votre œuvre d'art avec une intention impeccable. *Vous* êtes libre de vous exprimer, de vous aimer, de vous accepter, et de vivre dans la réalisation que tout ce que vous vivez naît en réalité de vous, de votre propre intention. Lorsque vous reconnaissez que l'intention et l'amour inconditionnel ne sont qu'un, il n'y a pas de limite aux hauteurs en spirale que vous pouvez créer, apprécier et explorer.

* * *

Exercice : retraite introspective d'une journée

Vous avez fait beaucoup de travail personnel. Vous avez exploré de nombreuses parties profondes de votre être intérieur. Cet exercice peut vous aider à faire vos premiers pas dans le monde afin de le voir avec un regard neuf et un nouveau sentiment de liberté. Il s'agit d'une étape monumentale et profonde, il est donc approprié de passer du temps dans la réflexion et le repos afin d'absorber les leçons que vous avez apprises et de vous préparer à franchir le seuil de la transformation personnelle.

Bien que cet exercice soit proposé sous la forme d'une retraite d'une journée, vous pouvez y consacrer quelques heures seulement si votre emploi du temps ne vous permet tout simplement pas de libérer une journée complète. Essayez tout de même de le faire durer le plus longtemps possible, car cela en augmentera les effets.

Pendant toute la durée de votre retraite, engagez-vous à éteindre votre téléviseur, votre téléphone portable, votre ordinateur et tout autre appareil électronique que vous pourriez utiliser. Au préalable, rangez et nettoyez l'espace que vous prévoyez d'utiliser afin de pouvoir ensuite vous concentrer sur la détente et le plaisir. C'est un moment sacré avec vous-même.

Voici quelques suggestions pour pratiquer l'art de la pleine conscience durant votre retraite :

Préparez-vous un bon repas. Ralentissez, et appréciez chaque ingrédient. Remarquez comment chacun d'eux a une odeur particulière qui se modifie quand il est combiné avec d'autres ingrédients. Sentez la texture de chaque légume ; appréciez sa couleur. Essayez de vous concentrer uniquement sur ce que vous faites sur le moment, sans penser à autre chose.

Soyez reconnaissant. Lorsque vous vous asseyez pour manger, prenez quelques instants pour vous recentrer. Respirez profondément et ressentez de la gratitude pour la nourriture devant vous, pour le temps que vous avez pris pour la préparer, pour les personnes qui l'ont cultivée, etc.

Faites-vous plaisir. Choisissez un plat ou un dessert que vous appréciez particulièrement et mangez-le très lentement, en savourant chaque bouchée. Il ne s'agit pas là d'une sorte de retraite stricte sur la « conscience de votre santé ». Il s'agit de profiter pleinement de tous les avantages du corps physique qui vous a été donné.

Méditez. Asseyez-vous pour méditer – peut-être en revoyant l'une des méditations ou des visualisations offertes dans ce livre. Remarquez si vous vous sentez différent maintenant que vous approchez de la fin de votre voyage.

Sortez prendre l'air. Faites une longue promenade dans un espace naturel. Arrêtez-vous de temps en temps pour rester immobile et remarquez simplement le monde qui vous entoure – la façon dont le vent souffle, la sensation de l'air frais ou chaud sur votre peau, le gravier sous vos pieds, le bruit des oiseaux ou des avions – ou d'autres personnes à proximité. Essayez de ne pas juger ces sensations comme étant meilleures ou pires qu'une autre. Il suffit de les sentir, de les voir ou de les entendre.

Faites une sieste. Si vous vous sentez fatigué en milieu de journée, écoutez votre corps et faites une sieste. Envisagez de mettre de la musique apaisante ou d'ouvrir la fenêtre et de laisser entrer un peu d'air frais pendant que vous somnolez. De bons parfums, comme la cuisson des aliments ou l'encens, peuvent également être apaisants. Un de mes amis dit que la plupart de ses meilleures siestes furent lorsque d'autres cuisinaient, car l'odeur de la bonne nourriture qui mijote sur la cuisinière l'aide à sombrer dans un délicieux sommeil empli de rêves.

Prenez un bain. Prenez un long bain relaxant, et ajoutez-y des huiles essentielles ou des sels de bain si vous le souhaitez.

Faites de l'exercice physique. Si vous pratiquez le yoga ou le qi gong, c'est le moment idéal pour ces pratiques.

*

* *

Exercice : faire vos adieux

Dans cet exercice, vous allez vous visualiser vous-même. Cette version de vous contiendra tous les anciens accords et croyances qui constituaient votre moi antérieur. Puis, vous vous en libérerez en l'envoyant dans l'univers.

À Teotihuacan, nous créons nos doubles énergétiques au bas de la pyramide de la Lune et marchons avec eux jusqu'au sommet, où nous leur disons au revoir et les laissons partir. Mais vous pouvez tout aussi bien réaliser ce rituel chez vous. Votre journal peut être très utile dans ce processus, car il relate les chroniques de votre ancien moi. Vous pouvez utiliser vos écrits, ainsi que la cérémonie de visualisation proposée ici, pour faire vos adieux à l'ancienne version de vous et ainsi faire place à la nouvelle.

Tout d'abord, libérez-vous du temps dans un endroit privé où vous ne serez pas interrompu. L'espace que vous utilisez pour votre méditation régulière peut très bien faire l'affaire. Préparez ce lieu pour la cérémonie en y apportant un élément symbolisant l'esprit et la majesté de la Lune. Cela peut être un cristal ou une image de la Lune. Alternativement, vous pouvez trouver un endroit calme à l'extérieur pour effectuer cette cérémonie à la lumière de la Lune. Prévoyez entre trente minutes et une heure, afin d'être sûr d'avoir le temps.

Une fois que vous avez créé votre espace sacré, commencez par relire votre journal. Regardez les listes que vous avez faites à la fin des chapitres 2 et 3 et le travail réalisé sur la place du Mental et sur les places des quatre éléments. C'est là, l'histoire de votre ancien moi. Parcourez ces idées une par une. N'oubliez pas : votre journal est un compte rendu de toutes les façons dont vous avez créé une identité. En un sens, c'est votre double énergétique.

Une fois votre lecture terminée, refermez votre journal et mettez-le de côté. Installez-vous dans une position confortable, assis ou allongé, et fermez les yeux. Prenez plusieurs respirations profondes et apaisantes et concentrez votre attention sur le moment présent.

Lorsque vous vous sentez détendu, imaginez une graine de lumière au milieu de votre poitrine, juste en dessous de votre cœur (au niveau de votre plexus solaire). À chaque inspiration, imaginez la lumière du nagual pénétrant votre corps, se faisant de plus en plus lumineuse. Doucement, cette lumière emplit votre torse, vos bras, vos mains et vos doigts, vos jambes, vos pieds et vos orteils, remonte dans votre gorge et votre tête. À chaque respiration, elle devient plus brillante, remplissant chaque cellule de votre être. Une fois que la lumière du nagual emplit entièrement votre corps, respirez quelques instants avant de l'imaginer se dupliquer et se dissocier de vous. Cette lumière prend maintenant la forme de votre corps et vous fait face, se transformant ensuite en une lueur radieuse, mais moins intense que votre propre lumière. Vous pouvez reconnaître votre visage sous la lumière de ce double. Prenez un moment pour envoyer une vague de gratitude à cet autre vous.

Puis, songez à nouveau à toutes les domestications, accords et croyances que vous êtes prêt à abandonner. Voyez-les vous quitter et entrer dans votre double.

Imaginez-vous prendre la main de votre double énergétique et vous tourner vers le symbole de la Lune dans votre espace sacré, ou la Lune réelle si vous êtes à l'extérieur. Imaginez que vous vous tenez ensemble, de nuit, au sommet d'une grande pyramide, voyant l'horizon assombri à perte de vue. Contemplez l'étonnante voûte du ciel étoilé au-dessus de vous. Partout, tout est éclairé par la lumière lumineuse et argentée de la Lune, qui brille directement au-dessus de votre tête.

Lorsque vous êtes prêt, lâchez la main de votre double énergétique et regardez-le s'envoler silencieusement et joyeusement dans le ciel, emportant avec lui tous les vestiges de votre ancien moi – les accords et les croyances dont vous n'avez plus besoin et que vous libérez maintenant dans l'univers pour être recyclés en pur nagual. Vous vous sentez de plus en plus léger, régénéré, libre et empli d'une nouvelle et radieuse énergie. C'est votre renaissance. C'est le début de votre nouvelle vie, libre et complètement transformé, empli d'amour inconditionnel et de l'art d'une vie vécue conformément à son but ultime.

Une fois que vous sentez que ce processus est terminé, revenez à la conscience de votre corps tonal, votre corps physique, debout devant votre représentation de la Lune. Sentez vos pieds plantés dans le sol. Bougez lentement vos bras et étirez-vous un peu. Lorsque vous êtes prêt, ouvrez les yeux et regardez autour de vous. Le monde n'a peut-être pas changé, mais vous, si.

Je vous invite ensuite à vous défaire de votre journal afin de pleinement dire au revoir à l'ancien vous. Si vous n'êtes pas encore prêt à vous en séparer, c'est bien aussi. Il peut encore y avoir du travail de pardon que vous devez faire pour lequel votre journal peut vous être utile. Vous saurez quand il est temps de le jeter.

CHAPITRE 10

LA PYRAMIDE DU SOLEIL

En 1609, Galilée dirigea une longue-vue de sa propre fabrication vers le ciel au-dessus de sa maison, faisant une série d'observations qui bouleversèrent la compréhension conventionnelle de son époque. Son exploration prouva que la Terre n'était pas, en réalité, le centre de notre Système solaire et qu'elle tournait autour du Soleil avec le reste des planètes. Son formidable don permit de redéfinir la vérité scientifique de l'époque, mais suscita d'abord la peur et le mépris, et il fut placé en résidence surveillée durant les dix dernières années de sa vie. Mais la vérité ne pouvait pas être obscurcie. Galilée avait observé et mesuré la lumière du Soleil et sa réflexion sur les planètes alors qu'elles tournaient. Sa compréhension transformatrice finit par détruire l'illusion d'une Terre immobile et ouvrit la voie à des siècles de connaissances plus approfondies.

Lorsque vous commencez le voyage de la maîtrise de la vie, vous êtes comme Galilée. Vous commencez à un endroit déjà établi par d'autres, croyant ce que l'on vous a appris à croire. Vous n'avez pas d'autre choix, ce n'est donc pas une mauvaise chose. Puis, votre curiosité vous pousse vers de nouvelles informations, un peu plus de prise de conscience. Vous vous transformez. Vous pouvez même être effrayé par vos propres découvertes, surtout si elles vont à l'encontre de la sagesse collective de votre famille et de vos amis. Vous pouvez également effrayer les autres avec votre volonté de dire la vérité sur ce que vous voyez et savez. Vous pouvez tenter de tout arrêter, de retourner dans votre île de la Sécurité, dans le confort de votre ancienne identité. Mais la vérité ne peut être obscurcie, car elle existe, que vous y croyiez ou non. C'est le contraire d'une croyance ou d'un accord, qui, eux, cessent d'exister au moment même où vous n'y croyez plus ou n'êtes plus d'accord. Et une fois que vous connaissez la vérité, vous ne pouvez pas l'ignorer.

Tout comme la croyance conventionnelle dictait autrefois que la Terre était plate et stationnaire au milieu de notre Système solaire, votre propre petit moi passe une grande partie de sa jeunesse à essayer de se conformer à une version de la réalité qui le place au centre de tout. Mais maintenant que vous voilà arrivé à la grande pyramide du Soleil, vous pouvez faire briller une lumière qui brûlera cette illusion une fois pour toutes. Au fur et à mesure que vous avancez vers la fin de votre voyage, vous gagnez en compassion et pouvez vous pardonner pour tous les jugements passés, toutes les identités que vous avez acceptées et les façons dont vous vous êtes blessé et avez blessé les autres. Vous êtes prêt à entrer dans la chaleur et la lumière vivifiante du Soleil afin de vous recréer un tout nouveau rêve.

DEBOUT DANS LA LUMIÈRE

La pyramide du Soleil est la plus massive de toutes les structures de Teotihuacan. En effet, elle fait partie des plus grandes pyramides anciennes de l'hémisphère occidental. À la pointe de cette structure colossale se trouve le lieu magique où le Soleil et la Terre s'unissent pour créer la vie.

Depuis la base de la pyramide, une longue ligne de marches s'élève vers le ciel, comme si vous pouviez les gravir jusqu'au Soleil lui-même. Deux séries de marches en bas se rejoignent en un seul escalier plus large au centre, puis divergent à nouveau en deux séries de marches parallèles et plus étroites. Lorsque vous vous dirigez vers le sommet de la pyramide et que vous regardez en arrière, et voyez le motif des escaliers derrière vous, les chemins dessinent la forme d'une personne aux bras levés, comme si la luminosité du Soleil projetait l'ombre massive d'une personne sur le côté de la pyramide. Il s'agit de la façade moderne de la pyramide, réhabilitée grâce à un projet de restauration au début du XXe siècle dirigé par l'archéologue Leopoldo Batres et commandé par le général Porfirio Díaz.

Dans la tradition de ma famille, nous considérons ce dernier passage comme une belle métaphore de ce qui se passe spirituellement ici. C'est l'endroit où vous réveillez votre divinité, où vous vous élevez vers l'infini. Cette ombre indique le chemin que vous devez suivre, pas à pas, jusqu'au sommet de la pyramide.

À ma connaissance, il n'est pas de culture autochtone sur Terre qui ne respecte et n'honore pas le Soleil. Dans de nombreuses cultures anciennes, le Soleil était souvent considéré comme un dieu, voire le souverain de tous les dieux. Et ce n'est pas étonnant, puisque nous savons maintenant grâce à la science qu'il donne vie à toute la matière de notre Système solaire. Et sans elle, la vie n'existerait pas. C'est pourquoi le Soleil – et la lumière et la chaleur qu'il émet – est la représentation physique et symbolique la plus puissante du nagual dont nous disposons.

PÈRE SOLEIL

Le Soleil représente également l'énergie masculine en nous, et nous pouvons faire appel à cette énergie chaque fois que nous en avons besoin ou que nous le voulons. Mais, tout comme pour l'énergie féminine de la Lune, nous devons être conscients afin de ne pas tomber dans des conditionnements. Nous ne pouvons pas choisir ou dicter comment cette énergie se déplace à travers nous dans le monde ; nous n'avons pas à déterminer si cela est « bénéfique » ou « néfaste ».

Tout comme nous avons tous de l'énergie féminine en nous, tout le monde porte de l'énergie masculine. Je porte en moi certains aspects masculins tels que le jeu et la compétition, mais aussi l'aventure, l'audace de sauter sans filet, de parler clairement et ouvertement, de construire avec soin et effort, de me concentrer sur des objectifs, sur le fait de m'améliorer, me protéger et me fixer des limites. Pour moi, toutes ces qualités ont une énergie masculine, bien que cela puisse être totalement différent pour vous. Quoi qu'il en soit, il s'agit avant tout de créer et de protéger un espace pour que la vie s'y épanouisse.

Ces dernières années, mon père se rendit compte qu'il ne pouvait plus gravir la pyramide du Soleil comme dans sa prime jeunesse – surtout après sa crise cardiaque. Lors d'un récent voyage, il devait se reposer après trois marches, puis monter trois marches de plus et s'asseoir, jusqu'à atteindre le sommet. Il se reposait et écoutait son corps, sans chercher à lutter contre, laissant simplement l'intention le traverser et lui dire quand il serait prêt à monter les prochaines marches. Plutôt que de s'agacer ou se sentir frustré, il a pu embrasser la vérité de ce qui était, à ce moment-là : qu'il ne devait pas souhaiter que les choses soient différentes de ce qu'elles étaient ; qu'il ne devait pas aspirer à un retour dans le passé ; qu'il ne devait pas craindre un futur non encore présent, mais juste être la pure vie en action dans l'ici et maintenant.

Sa foi en la vie s'est manifestée à travers la voix de « l'allié », un esprit qui a été purifié et guéri en abandonnant la domestication qui le déformait, et qui devient alors un instrument par lequel on peut créer avec conscience. À le voir lâcher prise, j'ai moi aussi appris à accepter la vérité. J'ai reçu par les actions de mon père un enseignement pour ma propre vie. À ce moment-là, j'ai appris à cesser de me soucier de ce qui pourrait être et à m'engager plutôt avec ce qui était présent afin de créer ma propre œuvre d'art basée sur cette vérité. C'est cela, la liberté. La foi, c'est définir votre intention et avancer vers elle, libre de tout doute, comme la vérité en action. Je suis vivant en ce moment, et tant qu'il y a de la vie, tout est possible. C'est là, le pouvoir du Soleil qui de sa lumière de feu brûle les illusions du passé et du futur.

VOTRE LUMIÈRE UNIQUE

Votre existence dans l'univers est comme un unique et lumineux rayon de soleil. Comme les flocons de neige, les rayons du soleil présentent des variations infinies, et il n'y en a pas deux qui se ressemblent. Une grande partie de la domestication que vous recevez est une tentative de vous convaincre que vous devez changer votre rayon de lumière ou le déguiser pour qu'il ressemble à tous les autres, pour vous assimiler au rêve de quelqu'un d'autre. Maintenant, après avoir traversé l'avenue des Morts et libéré les derniers vestiges de votre passé domestiqué dans la pyramide de la Lune, vous êtes prêt à incarner le rayon de soleil unique que vous êtes réellement.

Tout comme un rayon de soleil émane du Soleil lui-même, votre vie *provient* du nagual et vous *êtes* le nagual. Vous êtes l'énergie qui anime la vie elle-même. Ni plus ni moins. Maintenant que vous le savez, non seulement dans votre esprit, mais aussi dans votre expérience, vous pouvez revendiquer votre nouvelle vie et vous reconnecter avec le nagual qui est en vous. Votre passé domestiqué peut faire irruption de temps en temps dans des réactions émotionnelles ou de vieilles habitudes, mais celles-ci, ainsi que vos traumatismes et croyances passés, ne vous contrôlent plus. Vous vous en êtes défait et avez embrassé votre liberté personnelle.

Dans la tradition toltèque, nous disons que, tout comme un rayon est un messager du Soleil, vous êtes un messager et votre vie devient votre message. Cependant, ne confondez pas l'action de vivre votre message avec le fait de tenter de convertir les autres. Nous ne faisons pas ça. Nous ne croyons pas à la diffusion de doctrines ni aux tentatives de contrôle de la vie ou du parcours d'une autre personne. Au contraire, nous nous efforçons de faire jaillir nos actions du puits profond de l'amour inconditionnel qui anime l'univers. Le but de ce voyage est de nettoyer le chemin pour que cet amour s'écoule librement à travers vous. Vos actions en disent long sur vous alors que vous choisissez comment vous voulez vivre et décidez de la juste façon de façonner le message de votre vie, avec foi.

Parce que nous ne faisons pas de prosélytisme, certains pensent que cela signifie que l'entraide n'est pas une composante de la voie toltèque. Mais rien ne pourrait être plus éloigné de la vérité. Nous comprenons que dicter aux autres ce qu'ils doivent faire et comment vivre n'est pas réellement les « aider ». Dans le Rêve Planétaire actuel, c'est un piège de domestication, pas une offre de liberté. Nous aidons les autres en permettant à nos actions d'être des miroirs pour eux dans leur propre voyage spirituel et en prêtant notre pouvoir personnel pour soutenir ceux qui empruntent le chemin difficile du guerrier toltèque. De cette façon, nous vivons au service des autres en étant au service de la vie elle-même.

Lorsque les guerriers toltèques enseignent, parlent et même écrivent, toutes ces pratiques sont secondaires pour aider les autres. L'objectif principal de la façon dont nous vivons notre propre vie est de faire ce qui a le potentiel d'être le plus utile. J'ai vu cette dynamique particulière se dérouler à plusieurs reprises entre mon père et un nouvel apprenti. Certains des participants à nos ateliers ou retraites sont très désireux de rendre service et de complaire. Ils veulent valider leurs expériences, savoir que ce qu'ils font est utile et important.

Parfois, la façon dont ils abordent cela est d'être de « bons élèves » en présence du « Nagual », et à cette étape de leur voyage, ils confondent le nagual avec l'enseignant ou le guide spirituel. Il n'y a rien de bon ou de mauvais à cela, bien sûr, mais mon père reconnaît tout de suite lorsque les gens essaient d'attirer son attention et son énergie pour soutenir les objectifs de leur « petit moi » façonné par leur île de la Sécurité. Et pourtant, il ne le dit jamais à personne. Il ne souligne pas leur comportement et n'en parle pas. Il ignore simplement les masques qu'ils ont choisi de porter ou qu'ils portent par habitude. Cette forme d'amour inconditionnel peut parfois ressembler à un rejet mais c'est simplement une action basée sur un choix de ne donner aucun pouvoir à ces comportements inauthentiques. Et à travers ses actions, les leçons de mon père deviennent claires très rapidement : si vous travaillez à libérer l'identité du petit moi, il vous soutiendra et partagera son amour en ne prêtant aucune attention à vos masques.

ENSEIGNER SANS MOTS

Bien que les mots nés d'une bonne intention puissent certainement servir aux autres, ce sont des outils secondaires qui ne sont vraiment utiles que lorsqu'ils sont associés à nos actions. Par exemple, vous êtes probablement familier avec la directive parentale « fais ce que je dis et non ce que je fais ». Cette injonction est rarement – voire jamais – efficace. Nous enseignons toujours à travers nos actions et non nos mots.

Quand mes enfants étaient plus jeunes, ma femme avait l'habitude de nettoyer après eux tout en se plaignant qu'ils ne le faisaient jamais. Jusqu'au jour où elle se rendit compte que ses paroles et ses actions se contredisaient. Elle pouvait toujours utiliser des mots, mais elle devait en user différemment. Elle commença alors à expérimenter pour voir ce qui fonctionnerait. Un jour, elle vit un jouet traîner dans le couloir alors que les enfants étaient à proximité, et elle mit en scène une fausse chute dramatique. Sa pantomime ridicule fit tellement rire les enfants qu'ils mirent tous leurs jouets dans le couloir pour que tout le monde dans la maison puisse faire semblant de tomber encore et encore, en geignant et en pleurant et en faisant semblant d'être « blessé ». À la fin de ce jeu, il était évidemment temps de faire le ménage ensemble, et nous l'avons fait. Curieusement, les enfants ont compris le message concernant les jouets dans le couloir, et ils les ont rangés.

Parfois, pour être un bon enseignant, vous n'avez pas besoin de parler du tout.

Un ami me parla d'une femme dans son groupe de rétablissement en douze étapes pour l'alcoolisme. Pendant plusieurs années, avant que cette femme ne rejoigne le groupe, vivait près de chez elle un « ivrogne de quartier » bien connu. L'homme en question habitait seul, et chaque semaine sa poubelle débordait de bouteilles d'alcool. Dans son jardin, tout était hirsute et poussait à la sauvage. Ses stores étaient cassés, ses fenêtres sales, et sa voiture cabossée était toujours mal garée. Tout le monde savait que ce type avait un problème avec l'alcool. Pas besoin d'en parler.

Puis, un jour, cette femme remarqua que la pelouse était tondue, la voiture était correctement garée, les vitres étaient propres et les stores étaient réparés. La poubelle ne débordait plus de cadavres de bouteilles. Jour après jour, semaine après semaine, la maison et son énergie s'améliorèrent. Cela continua pendant plusieurs années jusqu'à son décès. Mais elle ne le rencontra jamais.

Et alors qu'il réparait sa maison et reprenait sa vie en main, c'est cette femme qui perdait pied et sombrait dans le gouffre de la consommation d'alcool et son cycle de dépendance. Quand elle toucha finalement le fond, elle demanda à un voisin ce que l'ancien ivrogne du quartier avait fait pour reprendre les rênes de sa vie. La réponse du voisin fut simple : il est allé aux réunions des Alcooliques anonymes. C'était tellement évident. Ayant elle-même été témoin de sa transformation, elle se tourna vers les AA, où elle fut aidée. Elle fut conduite là par ce voisin à qui elle n'avait jamais parlé et qu'elle n'avait même jamais rencontré. Elle est désormais sobre depuis dix ans.

Le vieil homme dans la maison délabrée avait servi de messager simplement par ses actions. Il n'a jamais su jusqu'où allait son message et l'effet profond qu'il eut sur la vie de cette femme et, par extension, sur toutes les personnes dont elle a touché la vie.

VOTRE VIE EST LE MESSAGE

Nous n'avons pas à parler des enseignements profonds que nous avons en nous. En réalité, dans de nombreux cas, il vaut mieux que nous ne le fassions pas. Au début de ce livre, je vous ai suggéré de laisser mes mots circuler dans votre esprit et dans votre cœur, mais beaucoup de gens pourraient ne pas être capables de le faire. Dans ce cas, mes paroles peuvent même devenir un obstacle, car leur esprit m'entendra et érigera immédiatement un mur. Pour ces personnes, il vaut mieux nous taire et laisser parler nos actions.

En fin de compte, nos actions sont le message le plus important que nous partageons. Et nous transmettons ce message en nous rappelant que nous sommes les artistes qui créent nos propres chefs-d'œuvre à travers notre mode de vie. Lorsque vous vivez comme un guerrier toltèque, vous savez que, dans la maîtrise de la vie, vous êtes le messager et que votre vie est le message. Vous avez été domestiqué autrefois, mais maintenant vous avez le choix.

En réalité, toute la voie toltèque est une question de choix. Nous honorons l'autonomie du pouvoir personnel de chaque personne et respectons ses choix de faire ce qui est vrai pour elle, et nous les respectons pour qu'elle subisse les conséquences de ces choix. Une conséquence n'est pas une punition – comme certains pourraient le croire à la suite de leur domestication –, mais plutôt le résultat d'un choix ou d'une action entreprise. La réalité elle-même n'est connaissable que du point de vue individuel, le rêve personnel. Et nous reconnaissons que la seule chose que nous pouvons changer est nous-même. Cela peut sembler égoïste pour certains, mais en reconnaissant cette vérité et en l'embrassant sous le soleil éclatant de l'amour inconditionnel, vous vous libérez de votre ancienne identité et permettez au moi illimité, le nagual, d'émerger et de s'exprimer à travers vous.

De cette façon, changer votre propre perspective devient une ligne de conduite – un point de départ – et non pas une prison ou une obsession. Une fois que le parasite se transforme en allié et que vous devenez l'artiste de votre vie, vous aimez et respectez toute la création pour ce qu'elle est. Ici, à la pyramide du Soleil, vous entrez dans votre vie d'artiste, co-créant consciemment le Rêve Planétaire avec l'ensemble des êtres vivants, tout en sachant que vous n'êtes responsable que de votre propre perception. À quoi ressemble cet art créatif ? Pour certains, cela signifie écrire de la musique, chorégraphier des danses ou créer d'autres œuvres d'art. Cela peut aussi signifier travailler avec la nature, explorer la science ou créer de nouvelles technologies. Pour d'autres, il peut s'agir d'élever des enfants, d'entretenir un foyer ou de guider les autres dans leur cheminement personnel. Pour la plupart, ce sera une combinaison de plusieurs choses. Mais à travers tout cela, le cadeau le plus puissant que vous puissiez offrir à vous-même et aux autres est de partager votre amour inconditionnel dans toutes les situations, en particulier lorsque l'amour-propre est chancelant à cause des voix du mitote.

Rappelez-vous : personne ne fait cela parfaitement. La maîtrise de la vie consiste à apprendre à reconnaître quand la peur s'est infiltrée en nous et à faire le choix de revenir à l'amour. Ce travail intérieur se conjugue parfois avec un puissant activisme pour certaines causes. Comme l'a enseigné Dr Martin Luther King Jr. : « Ce n'est que par une transformation spirituelle intérieure que nous obtenons la force de combattre vigoureusement les maux du monde avec un esprit humble et aimant. »

Quoi que vous choisissiez de faire, votre rayon de soleil jouera et rêvera à sa manière. C'est à vous de décider. C'est votre création, votre œuvre d'art. Maintenant, allez vaincre la mort en devenant pleinement vivants.

CONCLUSION
LA FIN DU VOYAGE

Nous voici maintenant sur le dernier sommet de la dernière pyramide de notre voyage symbolique à travers Teotihuacan.

Vous pouvez lire un livre, participer à un atelier ou voyager dans un lieu sacré. Et tout cela peut vous aider, mais rien ne remplacera le travail lui-même. Le vrai travail n'est pas ce que vous apprendrez en lisant ce livre, ou dans une salle de classe, ou au sommet d'une pyramide. Le vrai travail commence lorsque vous vivez votre vie et appliquez les enseignements. Votre voyage n'aura aucun impact s'il reste dans votre tête et que vous ne passez pas à l'action. Vous n'emprunterez ce chemin qu'en essayant, en échouant, en apprenant et en essayant à nouveau.

Ce que j'espère vous avoir donné *via* ce livre est la même chose que j'espère transmettre aux participants de nos cérémonies sacrées à Teo. Dans cet espace, vous vous donnez la permission de faire un nouveau choix, comme la permission de guérir d'une vieille blessure, par exemple. Vous arrivez au choix qui maintenant brille devant vous, comme un soleil. Vous pouvez continuer à croire à votre ancienne illusion, ou vous pouvez travailler pour changer votre vie en quelque chose de nouveau et de libre. Ce travail aura lieu non pas dans les temples et les places de Teo, mais dans les espaces sacrés avec lesquels vous interagissez chaque jour : votre corps, votre esprit, votre maison, votre cœur, vos relations, votre famille, votre travail et vos joies.

Vous vous êtes donné la permission de faire ce choix. Et le choix vous appartient toujours.

Mon but en vous racontant ces histoires – en vous partageant ces perspectives et réflexions tirées de ma propre vie – est de vous montrer que cela est *réalisable*, que le changement est possible, que la peur n'a pas besoin de vous contrôler, et que vous pouvez créer votre propre chef-d'œuvre. Lorsque vous vous ouvrez à ce voyage dans votre propre vie, lorsque vous utilisez ces leçons pour vous guérir, cela ne peut venir que de vous.

Je fais souvent un parallèle entre le chemin personnel et celui de la parentalité. Les nouveaux parents sont bombardés de règles, de conseils et d'informations sur ce qu'il faut ou ne faut pas faire avec les enfants. Mais ces informations sont souvent contradictoires et accablantes, et ont rarement une véritable incidence sur leur situation réelle. Mais avec le temps, ils commencent à prendre confiance en eux. Ils apprennent intuitivement ce qui fonctionne et ce qui ne fonctionne pas. Ils identifient quels conseils ont été néfastes pour eux et leur enfant, même s'ils ont peut-être bien fonctionné pour quelqu'un d'autre. La spiritualité, et en réalité toute forme de travail personnel, fonctionne de la même manière. Vous ne pouvez savoir tant que vous n'en avez pas fait vous-même l'expérience.

À la fin de ce voyage, vous découvrirez peut-être que vous souhaitez apporter de profonds changements dans votre vie. Ou pas. Votre vie peut ne pas sembler différente de celle des autres. Vous n'êtes pas obligé de changer de carrière, de mettre de côté certaines amitiés ou de mettre fin à vos relations. Vous pouvez toujours faire toutes les choses que vous faisiez auparavant. Et pourtant, par la maîtrise de la vie, vous êtes totalement différent. Vous n'êtes plus piégé dans des cycles sans fin de peur psychologique. Vous n'êtes plus lié à ce monde ou à une identité fabriquée. Vous êtes un artiste de votre propre vie, créant, expérimentant et reflétant la beauté de la vie elle-même.

La maîtrise de la vie est un voyage de transformation, pas de transcendance. Vous n'allez pas exister dans une fréquence spirituelle plus élevée, flottant au-dessus des autres dans une conscience ou un état de grâce supérieurs. Cela n'est qu'une fable créée par l'ego. Le voyage est un chemin de désapprentissage. Lorsque vous désapprenez vos anciens schémas, vous découvrez que le nagual à l'intérieur de vous, l'unique rayon de soleil que vous êtes, n'avait besoin d'aucune amélioration. Il n'avait pas besoin d'évoluer. Le nagual est toujours là, ici et maintenant, prêt à se connecter à vous pour vous rappeler que vous êtes parfait tel que vous êtes dans le moment présent. Vous pouvez rêver et jouer ; vous pouvez danser avec le courant de la vie. Vous pouvez accepter et donner un amour inconditionnel. Vous pouvez offrir votre vie au service de la vie elle-même.

Alors, que choisissez-vous ?

REMERCIEMENTS

Je veux tout d'abord honorer ma famille, la source d'amour, de joie et de compassion dans ma vie. Merci pour chaque moment que nous avons passé à partager et à profiter de la vie ensemble. Je vous aime tous très fort !

Je veux honorer et remercier Randy Davila, mon éditeur et frère d'encre, et son équipe de Hierophant Publishing. Merci de m'avoir donné l'opportunité de continuer à partager la tradition de ma famille à travers ce travail. Je suis touché par ce que nous avons créé ensemble et ce qui est à venir. Merci, Carnal ! Je t'aime !

Je veux honorer et remercier ma chère amie, Kristie Macris, qui m'a aidé à trouver ma voix et m'a guidé à travers le mitote de mes premières ébauches. Tu es mon enseignante. Je t'aime !

Je veux honorer et remercier Heather-Ash Amara, ma sœur d'encre. Tope là ! Je suis si heureux que nous continuions à co-créer durant les nombreuses années à venir. Je t'aime !

Je veux honorer mes apprentis, qui m'ont donné l'espace et le temps pour partager ces enseignements avec eux. À Kirk, Misty, Greg, Lily, Vanessa, Tara, Paul, Mark, Jess, Roxanne et

Leslie, et à la tendre mémoire de Heather Lorah. Gros câlins à vous avec tout mon amour !

À mes professeurs, Don Miguel Ruiz, Don José Ruiz et Madre Sarita. Je vous aime !

Merci à Dieu.

À PROPOS DE L'AUTEUR

Don Miguel Ruiz Jr. est un Nagual, un maître toltèque de la Transformation, héritier direct de la lignée toltèque des Chevaliers de l'Aigle et le fils de Don Miguel Ruiz. En alliant la sagesse de ses traditions familiales à la connaissance acquise durant son parcours personnel, il aide désormais les autres à parcourir leur propre chemin vers leur liberté personnelle. Il est l'auteur de *La Maîtrise de soi selon la voie toltèque*, des *Cinq Niveaux d'attachement* et de *Méditations quotidiennes sur la voie toltèque*, parus chez le même éditeur.

Rendez-lui visite sur www.miguelruizjr.com.

Achevé d'imprimer en août 2022
sur les presses de la Nouvelle Imprimerie Laballery
58500 Clamecy
Dépôt légal : août 2022
N° d'impression : 207128

Imprimé en France

La Nouvelle Imprimerie Laballery est titulaire de la marque Imprim'Vert®

Composition : Soft Office